店長のための
「稼ぐスタッフ」の育て方

羽田未希
Miki Hata

同文舘出版

はじめに

本書『店長のための「稼ぐスタッフ」の育て方』を手に取ってくださり、ありがとうございます。

あなたは、店長として、どうやったら売上げが上がるか、利益が確保できるか、を日々考えていることと思います。そして、一緒に働くスタッフをいかにトレーニングして、戦力化できるかということにも腐心していることでしょう。

私もあなたと同じように、店の売上げ、利益、スタッフの育成に頭を悩ませていました。ですから、あなたの悩みはよくわかるのです。

私は、17年間、日本マクドナルド株式会社の正社員として飲食店の現場で働いてきました。そのうち2年間は、マクドナルドが新業態として手がけたサンドイッチチェーン、日本プレタ・マンジェ株式会社に出向しました。学生時代のアルバイトは、ファミリーレストラン、天ぷら和食店、婚礼やパーティの配膳などを経験し、これらを含めると、かれこれ23年間飲食業に関わってきたことになります。

友人たちからは、半分驚きの表情でこう言われました。「よく続くね」と。たしかに、飲食業の仕事は激務です。私の周りの女性社員は入社5年までに、ほとんどが退職していきました。

参考までに、大学を２０１１年3月に卒業した後、３年以内の離職率は、宿泊・飲食業が52・３％、小売業39・４％で、全業種の平均32・４％を上回っています（厚生労働省２０１４年11月発表）。

飲食店の勤務は、１日の労働時間が長く、勤務日、勤務時間も不規則で、土曜日、日曜日、祝日は出勤の場合がほとんどです。多くの人が休むときが一番の稼ぎ時ですから、当たり前と言えば当たり前です。今では、チェーン店は24時間営業も珍しくなく、店長は、休日、夜間であっても店から緊急の電話がかかってきたり、トラブル対応に呼び出されたりすることもあります。

私はこれまで、８００名以上の部下、パート・アルバイトの方々と一緒に働きました。飲食業や小売業の形態にもよりますが、今や、店舗スタッフの８、９割がパート・アルバイトです。お客様に直接サービスをするのは、店長以外のスタッフであることのほうが多いでしょう。ですから店長は、自分の分身のように店舗に貢献してくれるスタッフを育成し、定着させなければなりません。それが、売上げ、利益に直結するからです。

店長がスタッフに求めることは、自分で考えて売上げ、利益を向上させるように働くこと、スキルを高めて長く働いてもらうことです。そのようなスタッフである「稼ぐスタッフ」を育成することは絶対に必要です。それができれば、あなたの店には明るい未来があります。


あなたが、著者の私を「すごい人なのかな」と思っているようだったら、それは期待外れかもしれません。私は、とびきり優秀な店長だったわけではないのです。入社当時の上司には、3年で店長に昇格させると期待されていましたが、結局6年かかりました。サンドイッチチェーンのプレタ・マンジェでは日本第一号店の店長を務めましたが、二号店以降には私よりも優秀だと思える店長がいたことも事実です。

私は、店長として頑張ってきましたが、小さなことに悩み、たくさんの失敗もしました。思い起こせば、仕事をしていると、うれしいことよりも辛いことのほうが多かったように感じます。

そんな中にもうれしいことがあったから、仕事を続けることができました。私はお客様に「ありがとう」と言っていただけることが素直にうれしいと思えました。そして、スタッフを育成することに一所懸命になり、また彼らに助けてもらって、一緒に泣いて笑って、仕事をしてきたのです。

このサービス業が魅力ある仕事で大好きだから、今ではこの仕事をしてきてよかったと思っています。

私が本書を執筆したいと思ったのは、本書を手に取ってくださった方々に、私と同じようなよけいな苦労や失敗をすることなく、できるだけ近道で成果を上げてほしいと願っているからです。

私が、長年飲食業の現場で働いてきた中で、店の売上げ、利益に貢献してくれる「稼ぐスタッフ」をどのように育成してきたのか、店長がするべきこと、大切なことを、具体的に紹介いたします。事例は飲食業ですが、小売業などのサービス業に携わっている店長のみなさんにも、参考にしていただけるものと思います。

「稼ぐスタッフ」を育成したいと考えているあなたに、本書を役立てていただければ、これ以上の喜びはありません。

羽田　未希

目次

3章 店の売上げ・利益・販売目標を「稼ぐスタッフ」の目標にしよう

4章 「稼ぐスタッフ」を育成しよう

5章 「稼ぐスタッフ」は自分で考えて行動する

6章 「稼ぐスタッフ」の仲間意識を高めよう

Contents

◉装幀・DTP／齋藤 稔（株式会社ジーラム）　◉撮影／善福 克枝

～1章～

「稼ぐスタッフ」の5つの特徴とは

「稼ぐスタッフ」とは

店長のみなさん、あなたの店のスタッフは、売上げに十分貢献してくれていますか。あなたが期待する以上に稼いでくれていますか。パート・アルバイトを戦力としたいと思っている店長が、「稼ぐスタッフ」を育成するには、どうしたらいいのでしょうか。

私は、日本マクドナルド株式会社で、約17年間、店舗運営をしてきました。人材育成に関して、何度も失敗や苦労をしながらも、私が一番注力してきたことは、いかに「稼ぐスタッフ」を育成するか、ということでした。みなさんに、本書を読んでそのノウハウを知っていただきたい、私が経験した失敗や苦労をできるだけ回避しながら、スタッフを育成していただきたいのです。

「稼ぐ」ということは、通常数字で表わします。「今日は○○万円稼いだ」という具合です。しかし、チームワークで働いている現場では、多くの場合「あなたの稼ぎは○○円」とは言えません。そうです。直接、数値化できなくても構いません。高いサービススキル、オペレーションスキルで、店の売上げに貢献してくれるスタッフが「稼ぐスタッフ」なのです。

飲食業・小売業では、1店舗に店長一人、月商に応じて部下となる正社員が数名で、スタッフ全体の8、9割がパート・アルバイトという店舗も多い状況です。お客様に直接接客するのは、店長のあなた以外のパート・アルバイトのスタッフであることのほうが多いのではないでしょうか。「稼ぐスタッフ」を育成する、これは、絶対に必要なことなのです。

今の日本の飲食業、小売業をはじめとするサービス業では、お客様に求められるサービスのレベルが高くなりました。現場では、お客様に感動していただけるサービスを提供するように教育しています。時間給で働くパート・アルバイトにもです。お客様が期待する以上の、感動していただけるほど高いレベルのサービスを、店長であるあなたは、パート・アルバイトに実践するよう求めなければならないのです。それなくして、お客様の再来店は期待できず、つまり店の売上げは下降線をたどることになります。

どんなに優秀な店長であっても、一人で店舗運営をすることはできません。自分の分身のように、高いレベルで働いてくれるスタッフがいたら、どんなにいいでしょう。店長代理として、店舗運営を任せることができるパート・アルバイトが働いてくれたら、店長であるあなたは、店長として経営面での仕事をこなし、十分な休日を取ることもできるのです。

パート・アルバイトの多くは、フルタイムでの勤務を望まない本業を持つ方、主婦(夫)、学生、他にやりたいことがあって今は正社員で働かない、いわゆるフリーターです。彼らは一週間に働ける日数も少なく、短時間で働きます。店の繁閑に合わせたスケジュールで働いてもらうことで、無駄な人件費を発生しないようにします。働いた時間分だけ、時間給を支払うのです。飲食店、小売店の出店増などで、パートタイマー(短時間労働者)の時給が高騰していても、社員を雇うよりも、はるかにコストを抑えることができます。

最近では、優秀なパート従業員が、パート店長として1店舗を管理している例もあります。また、正社員と同じ時間数を勤務するアルバイトもいます。飲食業、小売業では、パート・アルバイトの存在なくして経営が成り立たないほど重要な存在になっているのです。

「稼ぐスタッフ」の5つの特徴とは

「稼ぐスタッフ」を育成することは、そう簡単なことではありません。「素直ないい子だけど、お客様対応ができていない」「協調性はあるけれど、自分から動こうとしない」

というスタッフもいます。

私は、長年の飲食店勤務で、800名以上の部下、パート・アルバイトの方々と一緒に、現場で働いてきました。その経験を振り返ってみると、「稼ぐスタッフ」には5つの共通する特徴があります。

①ホスピタリティ精神に溢れている
②モチベーションが高い
③自分の仕事にプロ意識を持っている
④忍耐力がある
⑤他のスタッフによい影響を与えている

この特徴は、「稼ぐスタッフ」に、最初から完璧に備わっているわけではありません。この5つの特徴は、サービス業に適した人材が、仕事を通じて、適切に、十分に育成された結果、「稼ぐスタッフ」に共通して表われているものなのです。

世の中には、サービス業に向いていない人もいます。サービス業に向いていない人を育成するのは、それはそれはたいへんで、時間がかかる割にに成長が見られません。一方で、育成すれば、短期間で「稼ぐスタッフ」になり得る、サービス業に適した素質のある人材はいるのです。サービス業に向いている人のほうが効率がいいし、手っ取り早いのです。

次項から「稼ぐスタッフ」の特徴を、くわしく見ていきましょう。

「稼ぐスタッフ」はホスピタリティ精神に溢れている

◎いつもお客様目線で、お客様がファンになってしまうスタッフ

「ホスピタリティ」は、サービス業では知っていて当たり前の言葉となりました。ホスピタリティのあるサービスと言えば、ディズニーランド、リッツカールトンホテルなどが有名です。私が勤務していたマクドナルドでは、ホスピタリティを「お客様を大切な友人のようにおもてなしすること」としています。

みなさんは、自宅に大切なお客様を招待したときに、どんなおもてなしをしますか。

家の中をきれいに掃除し、整理整頓された居心地のよいリビングに花を飾り、お客様が好きな音楽を流します。そして、おいしい料理と飲み物を準備します。お客様がいら

っしゃったら、最高の笑顔でお出迎えします。楽しいひとときを過ごしてもらえるように、お客様が満足されているか、常に気を配りますよね。

店も同じです。開店前には、清掃された客席に座ってみて、お客様の目線から、ほこりや電球の球切れがないかを確認します。観葉植物の手入れは行き届いていますか。BGMの音量は適切で、時間帯に合った選曲でしょうか。お客様がオーダーされた商品は、新鮮で高品質で、温かいものは温かく、冷たいものは冷たい状態で提供されていますか。スタッフは、丁寧な応対と言葉遣いで、最高の笑顔でお客様を接客し、テキパキと仕事をして、常にお客様の期待を超えるサービスを提供しているかどうか、店長は店の状況を見回るのです。

私が勤務していたある店には、ホスピタリティのある中国人の女性スタッフCさんがいました。Cさんは性格も優しく、常に丁寧で、最高の笑顔で接客します。日本語が上手で、「あなたは、日本人以上にすばらしい接客をしているわ」とお客様が感心するほどです。彼女のお客様に喜んでもらいたいというホスピタリティ精神は、お客様を感動させるサービスを生み出していたのです。

「稼ぐスタッフ」は、お客様の立場に立って、ホスピタリティあるサービスを自然に実践しています。コーヒーの砂糖とミルクの数を聞かなくても、さっと出すなど、お客様の顔や好み、利用時間をよく覚えています。あるお客様が、いつもいらっしゃる時間に来店されないと、次の来店時には、「この前はいらっしゃらなかったですね」と親しみを込めて会話をしているのです。お客様に関心を持っていなければ、このようなサービスはできません。

そして、どうしたら自分のおもてなしでお客様に喜んでいただけるのか、常に考えています。お客様から「ありがとう」と言っていただくことが、自分の喜びであり、また原動力となっているのです。それが、ホスピタリティ精神に溢れているということです。

お客様としての自分の体験を活かして働いてもらおう

サービス業に従事しているあなたは、仕事を離れた状況であっても、店員の接客が気になり、自然にチェックをしているのではないでしょうか。私は、飲食店、小売店に行くと、そこで働くスタッフの笑顔、言葉遣い、お辞儀の角度、動くスピード、導線などが気になってしまいます。

ホスピタリティのある接客を体験したとき、私は参考にして、現場で実践していました。一方、もう二度と来ないと思ってしまうくらい酷い接客を受けた経験は、「自分はしないように気をつけよう」と思うのです。

少し離れたところから、自分の店のスタッフの接客を客観的に冷静に見ると、これまで気にならなかったことを発見することができます。たとえば、スタッフに笑顔やアイコンタクトがあるかどうか。お客様に笑顔で接客しようとよほど意識できるようにならないと、サービス業で求められる笑顔にはなりません。普通の顔では、おもてなしをしているとは思えないような表情になります。お客様の前だけ無理やりつくった笑顔でも、お客様には違和感があります。スタッフ本人は、自分はどのように見られているかよくわからないのです。

自分が、お客様としてうれしい接客を受けた経験は、そのときの感情も含めてよく覚えているものです。誰しも、お客様の経験があるのです。これは、スタッフ自身の接客に活かしてもらうよいチャンスです。朝礼やミーティングなどで最高のサービスを提供するために自分は何ができるか、スタッフみんなで話し合う機会を持ってみてはいかがでしょうか。その答えは、どんなサービスマニュアルにも載っていないのですから。

「稼ぐスタッフ」はモチベーションが高い

◎モチベーションは「自分の存在意義」×「やりがい」×「インセンティブ」

モチベーションは、動機づけ、やる気という意味です。いつもやる気満々で、絶対にモチベーションが下がらない、という人はいません。モチベーションをいつも高く保つのは、なかなか難しいことです。ましてや、モチベーションは人の心の中にあるものです。表情や態度に現われている場合もありますが、外から見ただけは、その人のモチベーションは高いのか低いのか、よくわからないことが多いのです。

私は、モチベーションを「自分の存在意義」×「やりがい」×「インセンティブ」と定義しました。ここでは掛け算になっていることが重要です。どれかひとつでもゼロ、もしくはマイナスになると、モチベーションはゼロ、もしくはマイナスとなってしまうのです。

ひとつ目の「自分の存在意義」とは、この職場で必要とされている、認められているということです。そう感じるとき、仕事に対する使命感や責任感が湧き起こってきます。

二つ目の「やりがい」は、仕事していて楽しい、この仕事が好きだと思えて、充実感があることです。目標を達成したとき、自分の成長を実感できたときに、やりがいを感じます。

三つ目の「インセンティブ」は、仕事の成果に応じた報酬です。くわしくは7章で後述しますが、相手を承認することを「こころのインセンティブ」、時給アップやボーナスを支給することを「ふところのインセンティブ」としました。

「稼ぐスタッフ」はこの三つの要素のうち、「自分の存在意義」と「やりがい」の二つを、自分のこころの中で高く評価しています。

私の同僚である女性社員Nさんは、その典型的な人でした。私とNさんは別々の店舗に勤務していて、クローズ作業を短時間化するエリアプロジェクトを同時に任されました。Nさんは性格もポジティブで、「できます」といつも自信を持って発言します。Nさんは、私とは別の方法で短時間化を検証し、プランを遂行していきました。私は、彼女のモチベーションの高さをいつもすばらしいと感心していました。彼女のようにモチベーションの高いスタッフは、難しいことも果敢にチャレンジしていくのです。

店を運営していくうえで、働くスタッフには、モチベーション高く働いてもらわなければなりません。モチベーションが低いということは、やる気がないということで、仕事に対する取り組み方や、その結果に現われてしまいます。お客様に喜んでもらいたいという気持ちが薄らいでしまうと、お客様へ十分なサービスが提供できないばかりか、クレームへと発展してしまうでしょう。

◎「稼ぐスタッフ」は落ち込んだときも、成長したいという熱意は忘れない

では、スタッフのモチベーションを高く保つために、店長は何ができるでしょうか。モチベーションを向上させるためには、心理学の外発的動機づけと内発的動機づけの知識が役に立ちます。

外発的動機づけとは、上司や同僚からほめられたり、昇格昇進したり、給与が上がったりいうことがきっかけで、モチベーションが上がることです。外発的動機づけだけだと、上司の前だけ、そのときだけ、やる気がある、やる気を見せるということになりかねません。

また、スタッフ本人のモチベーションがきわめて低い場合は、あまり効果がありません。将来、店長代理にしたいと期待するスタッフに、「あなたはできる、あなたのことがいい」といくらほめたとしても、本人のモチベーションがどん底のままだと、まったく聞く耳を持たない状況で、そのスタッフのやる気を引き出すのに、とても時間がかかることになります。

内発的動機づけとは、成長したい、仕事をやり遂げたいという意欲、エネルギーが、内側から湧き起こることです。前述したNさんのように、「稼ぐスタッフ」はこの内発的動機づけの部分がとても強いのです。モチベーションが低下したときも、自分を見つめ直して、やりたいことはこれだった、くよくよしている場合ではないと、自分でモチベーションを上げることができるのです。

大切なのは、店長が、このような外発的動機づけを日頃からしておくことです。顔を合わせるたびにスタッフに声をかけ、そして定期的にじっくりと話し合い、彼らの存在意義を認めることです。そうすることによって、彼らの中には内発的動機づけが発動しやすい状態にしておくことにつながります。何事も、スタッフ本人がやりたいと強く思わなければ、意味がないのです。

「稼ぐスタッフ」はプロ意識を持っている

◎その仕事の意味を理解しているか

1994年、当時は就職氷河期で、大学の友人たちが内定をもらっている中、私はなかなか内定をもらうことができず、内心ではとても焦っていました。私は将来、どんな仕事に就きたいのか、焦りとともにわからなくなってしまったのです。

私は、6月中旬にマクドナルドの会社説明会に参加しました。募集は店長候補。聞けば、1店舗の年間売上げは1億から3億円、中小企業の売上げに匹敵する規模というではありませんか。社長になりたいと思っていた私は、給料をもらいながら、社長修行ができるという思いから、マクドナルドへの就職を希望し、入社しました。

入社して2、3ヶ月経ったある日、大学時代の友人が、私の勤務する店に来店しました。私は、アルバイトと何ら変わらない格好をしています。恥ずかしい気持ちでいっぱいでした。大学を卒業してまで、何で、自分より年下の高校生、大学生のアルバイトから、ハンバーガーのつくり方を教わらなければならないのかと思うようになりました。

私は、アルバイトと一緒に、ハンバーガーをつくり、カウンターでお客様を接客する日々に嫌気がさしていました。その頃、入社したばかりとはいえ、社員である私は、スター（お客様係）のTさんにいつも文句を言われていました。

彼女は、お客様の話を聴くことができる位置に立ち、いつも変わらない素敵な笑顔で、テキパキと仕事をこなす、プロ意識を持ったアルバイトでした。風船や紙のおもちゃで、子どもたちを相手するのはお手のものでした。彼女が言っていることは正論で、彼女のほうがサービスレベルが上というのが、私は悔しかったのです。

その後、私がピーク時間帯にも対応できるオペレーションスキルを習得し、新人アルバイトをトレーニングできるようになったとき、先輩社員、アルバイトのみんなから、初めて認められた気がしました。

マネージャー、店長なら、できて当たり前のオペレーションです。それらが正確に、スピーディーにできないと、マネージャーとして認めてもらうことはできないのです。

入社当時の私は、ハンバーガーチェーン店で、ハンバーガーをつくること、カウンターでお客様を接客することは、基本中の基本であって、それはアルバイトの仕事だと考えていました。しかし、基本のオペレーションを高いレベルで習得することは、スタッフの導線やオペレーションの効率を考え、アルバイトの育成をするという、マネージャーとして店舗運営する上で必須のスキルなのです。

そう理解したとき、アルバイトと一緒に働いた経験は、私にとって貴重なものとなりました。どんな仕事でも、そこには意味があると理解できたのです。

◎仕事にプライドを持つこと、持たせること

それから、私は知識という知識を誰よりも得たい、オペレーションスキルをもっと向上させようと一所懸命でした。その後私はマネージャーになり、自分の采配で店舗を運営していると、胸を張って言うことができるようになったとき、仕事にプライドを持つことができるようになったのです。

このプライドは、一緒に働いているパート・アルバイトにも伝播していきました。とくに顕著なのが、グランドオープン当時のT君、Cさん、Mさんです。

彼らの仕事ぶりは、パート・アルバイトの域を超えて、それは「稼ぐスタッフ」そのものでした。彼らの基準は高く、妥協するということはありません。お客様に最高のQSC（クオリティ、サービス、クレンリネス）体験をしていただくために、基準に満たない商品やサービスを目にすると、すぐに自分たちで改善しているのです。常に高みを目指して成長していく彼らは、この店を背負って立っている、この店は私たちの店だという想いとともに、仕事にプライドを持っていたのです。

彼らが仕事にプライドを持つようになったのは、彼らがもともと優秀で、その資質があったからにほかなりません。その上で、一緒に働く店長、マネージャーから感じ取るものも大いにあったことでしょう。

私はパート・アルバイトを育成することに、自分の全身全霊をかけてきたと自負しています。厳しかったかもしれませんが、みんなは、私によくついてきてくれました。

今では笑い話になっていますが、彼らに再会したときにはいつも、「スーさん（私の当時の呼び名）、怖かったよね」と言われてしまいます。

仕事にプライドを持った「稼ぐスタッフ」は、お客様に高い基準のサービスを提供してくれます。それは、まさにプロの仕事です。自分の仕事に対して、プロ意識を持っているスタッフは、店の戦力です。彼らは、間違いなく、店の売上げに貢献してくれているのです。

「稼ぐスタッフ」は忍耐力がある

◎スタッフのストレス耐性を上げていこう

マクドナルド入社当時の、私の勤務状況は先に述べたとおり、失敗続きでいいところなしでした。早くマネージャーの仕事がしたい、店長になりたいという気持ちは、いつしか、「辞めたい」に変わっていました。

しかし私は、当時上司だったA店長に、「3年は何が何でも辞めません」と公言してしまったこともあり、根っからの負けず嫌いな性格のせいで、辞めるとはどうしても言い出せませんでした。

そうこうしている間に、マネージャーに昇格して、次の店に異動となりました。入社3年目を迎える頃には、私はドナルドショーを催事ステージで開催することを、テナントの催事担当者に交渉していました。今振り返ると、仕事ができるようになったと言えるのは、その頃からです。辛かった入社後の時期を耐えてよかったと思います。

新人スタッフは慣れない仕事や環境で、ストレスを感じています。いろいろな失敗、挫折を経験することで、人は少しずつストレスに対する耐性が上がっていきます。ストレス耐性を高めることができれば、ちょっとした失敗なら、次は頑張ろうと思えます。

そうは言っても、せっかく採用したスタッフが辞めてしまっては、元も子もありません。店長は、先輩スタッフに、新人スタッフのフォローをお願いしましょう。店長や他のスタッフからの心からの励ましは、新人スタッフにとってありがたいものです。このような配慮があれば、経験を積んでいくうちに、忍耐力のある「稼ぐスタッフ」に成長していきます。

◎失敗も成長のための大きなチャンスととらえる

H店長は、質の悪いスタッフが原因で、思うような店舗運営ができないでいました。いずれは辞めてもらってもいいけれど、急にスタッフが辞めてしまうと、在籍しているスタッフだけでスケジュールを組むのはたいへんです。

もちろん、H店長も、休日返上で対応しなければなりません。しかし、質の悪いスタッフの影響は、放っておけないほど深刻なものになっていたのです。

H店長は、自分の求める人材を採用して、働きやすい店にすると決心しました。すると、質の悪いスタッフ数名が辞めていきました。これらのスタッフが抜けたスケジュールの穴を埋めなければなりません。

H店長と残されたスタッフは踏ん張りました。質の高い人材を採用し、トレーニングに注力して、半年後には、スタッフが充実した店に生まれ変わっていたのです。自分の方針を打ち出し、スタッフの育成に力を入れた結果、QSCの社内基準をクリアし、高評価を獲得したのです。H店長は、スタッフの入れ替えを見事成功させました。

景気がよくなってくると、さまざまな業界で人材を奪い合う状況になり、飲食店、小売店はスタッフを募集しても、思うように採用できないということもあります。スタッフが不足していると、お客様に十分なサービスが提供できず、商品をお出しするのに時間がかかり、売上げを逃すことにつながってしまいます。店長としては、このような状況は、極力避けなければなりません。

そんなとき、問題のあるスタッフだけど、スケジュールの貢献度が高ければ、だまし、だまし使っていこうと、後ろ向きに考えてしまうこともあります。

しかしそれでは、店長が理想とする店舗運営はできません。そのスタッフをカウンセリングし、仕事に対する意識と仕事ぶりを改善する努力をしましょう。人間の性善説の立場に立って、彼らをサービス業で活かしていくために、店長として労力をかけることも必要です。しかし、どんなに尽力したとしても、改善できないようなら、そのスタッフとは一緒に働けないと苦渋の判断をせざるを得ません。店長は、たくさんのスタッフをまとめていく仕事です。人間関係に関する悩みはつきものです。失敗も、改善のためのチャンス、自分の成長の糧とするくらいに、ポジティブな態度が丁度いいのかもしれません。

◎一緒に働きたい、目標にしたいスタッフになっている

これまで、「稼ぐスタッフ」の四つの特徴を挙げてきました。それら四つの特徴を備えているスタッフ、つまりホスピタリティ精神に溢れていて、モチベーションが高くて、自分の仕事にプロ意識を持っていて、忍耐力があるスタッフは、店長代理やトレーナーなどの役職に抜擢されているはずです。それは、必然的なことでしょう。

ある店のK君は、その代表的な「稼ぐスタッフ」でした。彼は、店長代理のスウィングマネージャーで、店長である私の右腕でした。そして、大学生ながら、他のスタッフの面倒見もよく、一目置かれる存在でした。

K君の仕事ぶりは、それはすばらしいものでした。スタッフの行動をよく見ていて、必要に応じて彼らをフォローし、スタッフの仕事ぶりをほめています。落ち着いた雰囲気があって、リーダーとしても信頼が厚い。後輩スタッフにとって、一緒に働きたい、目標にしたい「稼ぐスタッフ」だったのです。

朝の時間帯に、お客様にコーヒーを無料でお試しいただくキャンペーンをしたとき、K君は、そのキャンペーンの目的をよく理解して、必要な人数のスタッフを集めました。彼に声をかけられた他のスタッフは、少しの時間でも店のためになるのであれば、と都合をつけて勤務してくれました。彼に頼まれたら、協力したくなるのでしょう。

そして、あるスタッフ数名が、卒店（退職）するスタッフたちのために思い出アルバムをつくっていて、スタッフルームを散らかしたまま帰宅したときのことです。K君は、帰宅したスタッフをすぐに呼び出し、説教するのです。「店長代理としての職務についていながら、みんなの手本となる行動ができないのはどういうことか」と。店長の私が注意するよりも、仲間であり、信頼のあるK君から言われたほうが、堪えるかもしれません。彼は、言わなければならないことも、きちんと伝えるアルバイトのリーダーだったのです。

◎よい影響を与えてくれるパート・アルバイトの方々はありがたい

職場では、自分の価値観と他人の価値観は違うものと理解して、他人の価値観を尊重し、折り合いをつけていかなければならないことがたくさんあります。若いリーダーの多くは、「自分が考えることは正しい。みんな、私のやり方にしたがって行動するべきだ」と血気盛んです。対人関係が未熟で、合わない人と喧嘩をしたり、自分はダメだと考えてしまったりします。

かくいう、若かりし頃の私がそうでした。対人関係において、いろいろ失敗もありました。そんな中、私は一緒に働く、多くの中高年のパート・アルバイトの方々にとても助けられていました。彼らが、コミュニケーションの潤滑油やクッションとしての役割をうまく担ってくれていたのです。

私は、社会人経験のある方、育児経験のある方というのは、特にそれがうまいと感じています。彼らは彼らで、十代、二十代の若いスタッフと一緒に働くことで、自分の内側から湧き上がる活力を感じています。その一方で、他のスタッフにとてもよい影響を与えてくれるのです。

会社を定年退職しても、まだ気力体力ともに元気だったTさんは、早朝5時半の資材の搬入を担当してくれました。10キロ前後もある段ボールを数十ケース搬入するのです。若いスタッフは早朝の勤務、重たい資材の搬入を嫌います。しかし、Tさんは嫌がるどころか、率先してやってくれました。

いつしか、高校生アルバイトが、早く起きられて体力もつく、アルバイトもできて一石三鳥と、学校登校前に搬入作業をしてくれるようになりました。

また、自営の飲食業を廃業して、マクドナルドで毎週土曜、日曜、祝日に8時間働いてくれていたKさん。私の父親と同年代のKさんは、やる気みなぎる方で、若い学生アルバイトを叱咤激励してくれていました。挨拶はもちろん、勤務態度についても指導してくれるのです。私を含め、スタッフみんなにとって、人生の先輩で、本当にありがたい存在でした。

もし、店長のあなたが、20代、30代なら、ぜひ中高年のスタッフに助けてもらってください。私は、本書で紹介する「稼ぐスタッフ」たちをはじめ、すべてのスタッフのみんなに、本当に助けられて、仕事をしてきました。店長である私自身、「稼ぐスタッフ」の育成に尽力してきましたが、それ以上に、彼らは私を支えてくれて、一緒に働いてくれました。当時、十分にお礼も言えなかったと思っています。改めて、本当にありがとうございました。店長のみなさんも、スタッフに対する感謝の気持ちを胸に、「稼ぐスタッフ」の育成に邁進し、あなたの思い描く理想の店舗運営を目指してください。

新人スタッフにも最初から「稼ぐ」ことを求めよう

◎採用時に見極める、サービス業に合う人、合わない人

接客に関して、私とは違う考え方をする人がいると実感することがありました。

それは、2人で受付の仕事をしたときのことです。来所された方をお客様として対応するように求められていたので、私は、一緒に受付業務をした男性に、「この方はよく

来所されます、お顔を覚えておくといいですよ」と、親切心でアドバイスしたつもりでした。すると、その男性に、「覚える必要ありますか」と言い返されてしまったのです。

その男性は、とくに印象の悪い接客をしていたわけではありませんが、よりよいサービスを提供するという意識がありませんでした。私にとって、常連のお客様のお顔を覚えることは当たり前のことです。私は、よいサービスをしようと考えない人もいることに、改めて驚いたのです。

お客様によいサービスをしようと思わない人、サービス業に向いていない人も世の中にはいます。そういう人たちは、サービス業のスタッフには応募してきませんが、それに近い人、不向きな人はいます。やはり、不向きな人たちを採用しても、一人前になるまで育成するのはたいへんです。できるだけ、サービス業に向いている人を採用したほうがいいのです。

そこで採用時に、サービス業に向く人、向かない人の見極めが必要になってきます。つまり、これまで見てきた「稼ぐスタッフ」の特徴が表われるような質問をして、スタッフ応募者の過去の経験を具体的に話してもらうようにするのです。人の特性は、これまでその人が経験したことの積み重ねで形成されています。「稼ぐスタッフ」の五つの特徴が垣間見えるか否か、それによって採否を決定するのです。

たとえば、ホスピタリティがあるかどうかについては、友人、家族に対して、何か特別な対応をしたことがあるかどうか。プロ意識については、勉強、部活動、仕事など、これまで自分が打ち込んできたものはあるかどうか。そして、モチベーションが下がったとき、どのように対処してきたか。

忍耐力については、辛かったときにどのように乗り越えてきたのか、などを質問するのです。周りの人への影響力は、友達との関係、集団での役割を聞くとわかります。20分も話せば、表情、言葉遣いから、会社や店が求める人物像か、サービス業の素質があるかどうかが判断できるでしょう。

求める人材の応募がないとき、採用難であっても、店長は、求める人物像の基準を下げてはいけません。それは、将来のサービスレベルを下げるようなものだからです。「稼ぐスタッフ」となり得る人物を、ぜひ採用してください。

◎給料はお客様が支払ってくださる代金から出ている

会社や店は、お客様に対して商品の品質、サービスの質を広告、キャッチコピーなどで約束しています。マクドナルドであれば、そのひとつの例が「スマイル0円」です。この「スマイル0円」は、メニューにあります。「来店されたすべてのお客様に、スマイルを提供します」ということです。ときどき、小、中学生が、カウンターのスタッフに「スマイルください」と恥ずかしそうに言ってくることもあります。それだけ、このサービスの質について、広く知られているということでしょう。

スタッフを新しく採用したら、会社、店がお客様と約束していることを、店長から伝えてください。ポイントは、店のトップである店長が、熱く語ることです。

私は、新人スタッフの最初のオリエンテーションで、必ず次のように話していました。

「あなたのお給料はどこから出ているかわかりますか。店からではありません。実は、あなたのお給料は、お客様が支払ってくださる代金から出ているのです。お客様にたくさん喜んでいただければ、来店回数も増えて、店の売上げも上がりますよね。そうすると、あなたもたくさん働けて、お給料も増えますよ」と。

これは、私のオリジナルの言葉で、マクドナルドのマニュアルには載っていません。サービス業としての基本姿勢を、私なりに表現したものです。お客様の期待に応えること、私たちが働く意味がそこにある、ということをわかりやすくしたのです。

あなたが飲食店、小売店に行ったとき、対応してくれたのが新人スタッフで、満足できない商品やサービスだったとしたら、仕方がないと思いますか。現場の苦労を知っているだけに、運が悪かったと諦めるかもしれませんね。

しかし、お客様は同じ料金を支払っている以上、新人スタッフかどうかに関わりなく、求めるものは納得できるよいもののはずです。もし、この約束した品質でなかったとき、お客様は期待していた商品、サービスを受けることができず、がっかりします。場合によっては、二度と来店していただけないかもしれません。

サービス業で、「新人スタッフだから」は言い訳にはなりません。店長であるあなたは、新人スタッフの彼らに対して、最初から「稼ぐこと」を求めましょう。会社、店が求めているスタッフ像である、「稼ぐスタッフ」になることを求めなければ、スタッフが成長することは絶対にないからです。

～2章～

「稼ぐ店長」はスタッフを活かすことに全力を尽くそう

「店長」は人間力を向上できる職種

◎店長になったら、外面、内面から自分磨きをしよう

あなたの会社では、入社してどれくらいの期間で店長に昇格するでしょうか。最近は、多くの会社が、短期間で店長に昇格させるようにしています。会社の規模、多店舗展開の状況、店長としての権限の範囲、店長育成の仕組みなどによって、そのスピードはまちまちですが、飲食業、小売業とも、最短で半年くらい、平均3、4年で昇格しているようです。

飲食店、小売店では、多くの場合、店長に昇格してもユニフォームのデザインは変わりません。「店長」と入った名札を胸につけるくらいで、外見はあまり変わらないのです。私は、店長として格好よく見られたいと思い、新しいユニフォームを自費で購入しました。

また、スーツ、バッグ、筆記用具など、身に着けるものを、新しいものやハイグレードなものに変えると、ワクワクした気分になりました。「外見からキメル」というのは、プロフェッショナルであるという自覚を持ち、士気を高揚させるために効果的な方法の

ひとつです。

内面に関しては、今振り返ってみると、やっておけばよかったと思うことがたくさんあります。

そのひとつが読書です。若いときに、自己啓発書、ビジネス書などをもっと読んでおけばよかったと思います。私は、読書が一番必要なのは、経験が浅い20代の頃だと思います。仕事で時間がないと言い訳をしたくなりますが、時間はつくろうと本気で思ったらつくることができます。

私は店長になった頃、上司からD・カーネギーの『人を動かす』(創元社)という本を読むように勧められました。これは、店長にはぜひ読んでいただきたい名著です。これまで私は、スタッフをぐいぐい引っ張っていくタイプのリーダーでしたが、この本を読んで、目からうろこが落ちたのです。

私は、人の立場に身を置く、心からほめる、遠回しに注意を与える、自分の過ちを話す、期待をかける等々、この本に書いてあることができているだろうか、と毎日自問自答することになりました。

そして、これまでの自分の言動を改め、少しでもスタッフに気持ちよく働いてもらうためには、この「人を動かす」力、コミュニケーション力など、自分の内面をさらに磨くことが必要だと気づいたのです。

内面を磨くとは、人間力を高めること。人間力とは、自分のことだけでなく、他の人のことをどれだけ考えられるか、人間の器の大きさ、人間的な魅力だと私は考えています。本や新聞を読んで見識を広げること、仕事以外の友人、知人を持つこと、趣味を持つこと、これらすべてが自分の人間力を高めてくれるのです。やりたいと思ったことは、どんどんチャレンジすることをお勧めします。

店長への昇格は、ゴールではありません。やっと、スタートラインに立ったということなのです。店長という職種は、自分の人間力を向上できる素敵な仕事です。謙虚に学び、自分の外面、内面ともに磨き上げ、ぜひ人間的な魅力を持つ「稼ぐ店長」になっていただきたいと思います。

「マニアック」「あきらめない」は最高のほめ言葉

◎企業文化を理解して、日本第一号店の店長に抜擢

マクドナルドには、優れたマニュアルがあることを、みなさん聞いたことがあると思

います。マニュアルは必要な知識、統一された基準を知ることができて、最短で人材育成できるという利点がありますが、このマニュアルを片手に仕事をすると時間がかかります。基本となること、毎日の作業に必要な商品のクオリティ基準や機械の焼成温度などの数値は、覚えてしまったほうが早く作業ができるのです。

マニュアルに書いてあることを誰よりも覚えると、「マニアックだね」「マックバカだね」と言われますが、そう言われることはまんざらでもありません。これは、マクドナルドで働いているスタッフにとって、悪い意味の言葉ではありません。むしろ、それは最高のほめ言葉なのです。

私は、２００2年3月に、マクドナルドが新業態として手がけた、サンドイッチチェーン、プレタ・マンジェに、初期メンバーの一人として出向しました（日本プレタ・マンジェは２００4年に撤退）。

私は、英国のプレタ・マンジェで2ケ月間研修を受けました。帰国後、サンドイッチのつくり方、商品や原材料に対するこだわり、サービスについて、トレーニングを通じて日本のスタッフに伝えることが、私たち初期メンバーの使命でした。

私は、プレタ・マンジェの企業文化を、誰よりも理解しようと努めました。それが評価されて、日本第一号店の店長として抜擢されることになったのです。

仕事に対して、マニアックだと言われるくらいに真摯な姿勢で取り組むことは、とても重要です。そして、覚えた知識は、仕事をスムーズに遂行していくうえで必要不可欠なものです。ぜひ、あなたも「マニアック」と言われるようにしてください。

◎あきらめないで、何でもやってみよう

飲食店にはたくさんの機器があります。店の中で、機器のメンテナンスや修理に一番詳しいのは、店長でなければなりません。機器が故障したとき、自分たちで修理できるにもかかわらず、業者を呼んでしまったら、出張費だけで1、2万円は請求されてしまいます。1万円の利益を確保するために、100円のハンバーガーを何個売らなければならないか、私はいつも考えていました。

ですから、自分たちが手に負えない修理だけを業者にお願いするのです。故障の原因がわかれば、部品代と送料だけですみます。

先輩社員からは、「機器を壊さない程度に、いじくってみなさい」とよく言われました。アシスタントマネージャーだった頃、いつもは家電の取扱説明書も読まない私が、機器マニュアルを見ながら、メンテナンスや修理に悪戦苦闘しました。ときに、ビビッと感電し、夜中にメンテナンスをすると朝までかかってしまうこともありました。しだいに

機器に慣れてくると、何が原因で故障したのかがわかってきます。あきらめずにメンテナンスや修理をしてきたことで、私は機器に対する苦手意識もなくなりました。

◎「なぜ」を5回繰り返す

店舗運営において、何が原因でうまくいっていないのか、一目見ただけではわからないときがあります。複数の原因が複雑に絡み合っていて、それぞれを解決しても、また問題が起こってしまいます。実は、根本的な原因である「真の原因」を見つけて、解決しなければ、いつまでも、問題解決には至りません。

こんなとき、いい方法があります。「真の原因」を見つけるために、「なぜ」を5回繰り返すのです。

たとえば、ファーストフード店の日曜日の昼の時間帯、店のカウンター前がお客様の長蛇の列になっているとします。お客様をずいぶんお待たせしていて、商品をお渡しするのに時間がかかり過ぎている状況です。

「なぜ」カウンターのスタッフはハンバーガー類の商品が出てくるのを待っているのか。

「なぜ」厨房の製造ラインにつくりかけのハンバーガーが並んでいて、でき上がってこないのか。

「なぜ」製造ラインの原材料がなくて、厨房のスタッフが原材料を取りに行っているのか。

「なぜ」ピーク前に準備しておかなければならない予備の原材料の量が少ないのか。

「なぜ」ピーク前準備チェックリストを、マネージャーが更新していないのか。

この例では、「なぜ」を5回繰り返すと、「真の原因」は、ピーク時間帯に必要な原材料の予備の数量を示す、ピーク前準備チェックリストを、マネージャーが更新していなかったことになります。意外なことが、お客様をお待たせする原因になっていると気づきます。

どんなことでも、やっていないうちからできないと考えるのはだめです。そこで、思考が停止してしまうからです。何が原因だろう、どうしたらできるだろう、と考えてみてください。できない、苦手だと思うことも、まずはやってみる、試してみるということ、あきらめないことが肝心です。「あきらめない」もまた、最高のほめ言葉なのです。

スタッフが興味あること、仕事に求めていることを知ろう

◎スタッフに関心を持って、まずは話を聴こう

新業態の立ち上げの頃は、私は店長として、とにかく仕事優先でした。どのように店の売上げを上げようか、知名度をアップさせようか、毎日が試行錯誤でした。私は、プレタ・マンジェを日本で成功させたい一心で、早朝から夜まで働いていたのです。そんな中、直属の部下であるアシスタントマネージャーが、店長の私についていけないと言い出しました。

当時、私は、グランドオープンの店のスタッフは、成功のためなら長時間労働するのが当たり前だと思っていました。そして、休日を取りたければ、自分の分身となるスタッフを育成し、会社が軌道に乗るまでは、最低限の休日でも我慢するべきだと思っていたのです。私は、部下の気持ちも聞かず、相談もせずに、私のやり方を押しつけていました。

私は、今の状況では誰も幸せになっていないことに気づきました。私も、スタッフも疲れていて、生産性が高い仕事をしているとは言えない状況でした。会社を成功させた

いという私の思いが独り歩きしていたのです。

私は、部下に相談して、解決策を一緒に考えるべきでした。これまでスタッフを家族のように大切に思っていたのに、そのときの私はスタッフのことをまったく考えていないと反省しました。

最近は、「ワークライフバランス」という言葉も浸透してきていますが、私は、生涯の中で、寝食を忘れ、仕事に没頭する時期があってもいいと思います。

しかし店長は、当然のように、部下にその考えを求めてはならないのです。そして、部下にとって今、何が幸せなのか、ワーク（仕事）だけでなく、ライフ（生活）も配慮して、健康的に仕事をしてもらう必要があるのです。

スタッフに関心を持っているかどうかは、人が好きかどうかということです。サービス業で働くあなたは、スタッフはどういう人物だろうと興味を持つでしょう。何をしているときに喜びを感じるか、なぜこの仕事をはじめたのか、続けている理由は何か、将来どんな仕事をしたいと思っているか、まずは彼らの話を聴いてください。

話をしていると、笑いあり、憂いあり、感情を共有してお互いを理解することで、信頼関係が生まれます。そうすれば、仕事のことだけではなく、恋愛相談、人間関係のトラブルなども相談してくれるようになります。

私も自分の失敗から、スタッフが仕事に求めることは何かを常に考えました。店長としての役割を気負わないでいこう、私らしく、明るく、元気なままで、自然体でいこうと思い直したのです。

◎自分自身がやりたいと思わなければ、行動に結びつかない

私の息子は小学1年生のとき、鉛筆の書き初め大会で、銀賞を受賞しました。30人のクラスで金賞、銀賞は5人だけ。息子は喜び、「今度は金賞を取る」と意気込んでいたのです。

この頃は、とにかく字が汚くなっていました。母親の私が見れば、適当に書いているのがわかります。

なぜ字が汚いのかと息子に聞くと、「宿題を早く終わらせようとしたから」と言います。そこで私は、「いつもきれいな字を書いたら、また書き初め大会で賞を取れるよ」と伝えました。次の日には、丁寧にきれいな字を書いていたので、「すごくきれいな字だね、これなら金賞がもらえるかもね」とほめると、照れながらもとても喜んでいました。

子どもというのは、本当に正直です。息子は、きれいな字を書こうと思えば、銀賞だ

もらえるような字を書けるのです。しかし、自分が、きれいな字を書こうと思わなければ書かないのです。

店のスタッフにも同じことが言えます。たとえば、飲食店の原材料の納品、搬入時の賞味期限の日付チェックとローテーションです。冷凍品、冷蔵品だけでも数十ケース納品がありますから、この作業はたいへんです。さらに、在庫としてストックされている原材料の段ボール箱の日付をチェックして、製造年月日の古いほうから使用するように、積み直します。

このファーストインファーストアウト（先入れ先出し）のローテーションをきちんと行なわないと、新しいほうから使用してしまうでしょう。古い原材料が賞味期限内に使いきれず、賞味期限切れとなった原材料は、廃棄ロスとなってしまいます。このことを理解しているスタッフは、店長に言われなくても自主的にローテーションを行なってくれます。

スタッフに自主的に動いてもらう重要なポイントは、ここにあります。店長は、スタッフに仕事の重要性を理解してもらい、スタッフがそんな重要な仕事をやりたいと思うようにしなければなりません。スタッフに自分の意志で動いてもらうのです。

店長がこのポイントを押さえて、スタッフを育成していれば、「稼ぐスタッフ」になります。「稼ぐスタッフ」を、店の戦力として活かせるかどうかは、「稼ぐ店長」にかかっているのです。

「稼ぐ店長」は信頼されて、ちょっと尊敬されよう

◎挨拶は「名前＋おはよう＋気遣い＋アイコンタクト＋スマイル」

私は店長に昇格したとき、名前ではなく、「店長」と呼ばれてうれしい反面、スタッフとの間に壁があるような気がしました。店長は、店で一番上のポジションで、権限、パワーを持っているため、スタッフ側から距離を置かれるのは仕方がないのかもしれません。つまり、店長になって、「ポジションパワー」を持ったということです。

店長になる前、アシスタントマネージャーのときには、部下との関係は、自分の個人的な魅力、信頼によって成り立っていると感じていました。スタッフは、上司を信頼しているから、頼まれたらやってあげたい、一緒に働きたいと思います。これを「パーソナルパワー」と言います。アシスタントマネージャーだった頃の私は、自分には部下を統率するための強力な「ポジションパワー」はないから、「パーソナルパワー」を向上

させようと努力していたものです。

しかし、店長になって権限を持つと、自然と「ポジションパワー」のほうが際立ってきてしまいます。ですから、先に述べた、自分の外面、内面を磨き上げて、人間力をアップさせることで、さらに「パーソナルパワー」を強化しなければなりません。部下であるスタッフに信頼されるのは、人間的にも魅力的な「パーソナルパワー」を備えた上司だからです。

私は、「パーソナルパワー」を強化するために、店長に昇格した頃から、自己流の挨拶をするようになりました。それは、「名前＋おはよう＋気遣い＋アイコンタクト＋スマイル」です。

「おはよう」だけの挨拶ではありません。スタッフ一人ひとりの目を見て、笑顔で「○○さん、おはよう。今日も朝早くから勤務ありがとう」と言うのです。

日頃から話をして、スタッフが今どういう状況なのかがわかっていれば、気遣いはそのスタッフに合わせた言葉になります。体の具合はどうか、学生なら勉強の進行具合は順調か、トレーニング進捗状況はどうかを聞きます。

これは、スタッフのことに関心を持たなければという義務感からではありません。店長という職種についている人は、基本的に人に興味を持っているので、ちょっと気遣えば自然と、もっとスタッフのことを知りたい、理解したいと思います。

私は、この挨拶で人の顔と名前を覚えることが得意になりました。顔と名前を覚えられないという人には、これはお勧めです。スタッフは、名前を覚えてもらえなくてがっかりすることはあっても、名前を呼ばれて、嫌だと言う人はいません。

挨拶は信頼関係を構築する第一歩、ぜひ、この挨拶を活用してみてください。

◎リーダーシップ＝信頼×尊敬

「理想のリーダー像は？」と質問されたら、松下幸之助、本田宗一郎など、多くの方が男性の名前を挙げるのではないでしょうか。職場では、店長は男性ばかりでしたから、私は率先垂範で、スタッフをぐいぐい引っ張っていくリーダー、男性的なリーダーがよいと思っていました。そして、そのようなリーダーを目指していました。

私がアシスタントマネージャーの頃のことです。私とは真逆のタイプの女性マネージャーが、私が担当していた小規模店舗を引き継ぐことになりました。しかし彼女は、自分はリーダーにはなれない、小さな店とはいえ、責任者なんて無理だと言いました。

彼女は自信がなくて、頼りない部分がありましたが、女性らしく、人当たりも優しい、スタッフの面倒見もよいマネージャーで、スタッフの評判も悪くありません。

ただ、どんなリーダーになればいいのか彼女にはわからなかったのです。

マクドナルドのMDP（マネージャー育成のプログラム）の中に、「リーダーシップ＝信頼×尊敬」というのがあります。計算式が掛け算なので、信頼、尊敬がゼロやマイナスだと、リーダーシップはゼロになります。

一方で、信頼と尊敬が大きくなるとリーダーシップは、2倍にも3倍にも強力なものになるのです。

スタッフからの信頼と尊敬は、どうしたら得ることができるのでしょうか。

スタッフに信頼されるには、まず、店長自らがスタッフを信頼しなければなりません。話を聞き入れる、受け入れる、一緒に取り組む、助け合うなどをすることで、お互いのよいところを認め、お互いに頼り、頼られることで信頼関係が築かれます。

尊敬とは、スタッフが、リーダーの仕事に対する取り組む姿を見て、「すごいな、あ あいうふうに仕事ができたらいいな」と敬う気持ちの表れです。

理想的なリーダーというのは、いくつかの共通の部分があるものの、ひとつではありません。あなたらしく、肩肘張らずに、スタッフを信頼して、一緒に仕事をしていけばいいのではないでしょうか。今なら、私は、彼女にこう伝えてあげられるかもしれません。

「稼ぐ店長」は、自分ばかりが頑張っている店長ではありません。スタッフを活かすことに全力になっている、信頼されて、ちょっと尊敬されているリーダーなのです。

リーダーシップスタイルを使い分けしよう

◎スタッフの成熟度に合わせたリーダーシップスタイルの四つの型

「稼ぐ店長」は、スタッフを活かすことに全力になっている、リーダーシップのある店長です。では、店長はどんなリーダーシップスタイルを使えばよいのでしょうか。リーダーシップスタイルには、スタッフの成熟度に合わせた四つの型があります。

①指示型

経験の浅い、新人スタッフに使うリーダーシップスタイルです。仕事のやり方、順序を指示しながら、動いてもらいます。

②コーチ型

ある程度経験を積んだスタッフに、自立をしてもらう段階で使うリーダーシップスタイルです。店長、またはトレーナーは、少し離れた場所から仕事の遂行を見守るようにします。

③参加型

経験を積んだスタッフが、店の一員として店舗運営に参加しはじめる段階で使います。店長が、店のスタッフに対して意見を求め、積極的に店舗運営に参加するように促します。参加型のリーダーシップスタイルを発揮することができれば、自主的に仕事ができるチームになっています。

④エンパワーメント型

ある仕事について、仕事のやり方を熟知し、十分な経験を持つスタッフに、店長は仕事を権限委譲することができます。店長は、スタッフから進捗状況と結果などの必要な報告を受けます。自立したスタッフが働いてくれている理想的な状態です。

店長は、スタッフの成熟度をよく理解し、頑張れば達成できる仕事を任せます。スタッフは仕事を任され、店舗運営にも関与しはじめると、自主的に、自分の頭で考えて行動するようになっていきます。そして、仕事に対してやりがいや充実感を持つでしょう。店長が、スタッフのレベルに合ったリーダーシップスタイルを発揮することで、「稼ぐスタッフ」としての成長を加速させることができます。

しかし、注意しなければならないことがあります。このリーダーシップスタイルがスタッフの成熟度に合っていないと、問題が発生してしまうのです。経験が十分にあるスタッフに対して指示型で、いちいち仕事を指示すると、スタッフのやる気を損なってしまいます。一方で、経験が浅いスタッフに、エンパワーメント型で、「仕事が終わったら報告して」と言い放ったなら、そのスタッフは仕事を最後までやり遂げることはできないでしょう。

◎店長は自分自身の長所、短所を認識しよう

私は、これまで、対人関係で失敗したことがあります。自分の短所や、自分の非を認めたくはありませんが、原因は、自分の短所であることが多かったと思います。

長所と短所は表裏です。表現の違い、程度やニュアンスの違い、受け取る側である相手の印象によって、短所は長所ともなり、長所は短所ともなり得るのです。「腰が重い」といえば短所ですが、「慎重」といえば長所になります。同じように、「おしゃべり」と「雄弁」、「落ち着きがない」と「行動的」、「飽きっぽい」と「流行に敏感」、よい意味で受け取れば、どれも長所になります。

私の大学の卒業旅行先はエジプトで、一人で行くと言うと、友人に驚かれました。無

謀な行動に思えたかもしれません。私は、ちょっと大胆な行動かもしれないけれど、自分がどこまでできるのか試してみたかったのです。この私の行動は、「無謀」と「大胆」、捉え方によっては短所と長所となるのではないでしょうか。

長所、短所について、人事考課目標や業績目標を立てるときに参考になる考え方があります。人は、長所は伸ばすことができますが、短所はなかなか直すことができないということです。

自分の得意なことや強みを最大限に活かして、仕事に取り組むことはできます。しかし、自分の短所については、できれば触れたくないものです。どうしても直さないといけないことを除いては、取り組む必要はないのです。嫌なことにかける労力は必要最小限にして、苦もなく、喜んで取り組めることに時間を使ったほうが、結果が出るからです。

理想のリーダー像はひとつではありません。いろいろなリーダー、店長がいていいのです。

それを前提にして、自分の短所のうち、これだけは直さないといけないというもの以外は、見方を変えて短所を長所にしてしまえばいいのです。自分の性格は簡単に変えることはできませんが、自分の特性を理解しつつ、他人に不快な思いをさせない努力はできます。店長は自分自身の長所、短所を認識しておきましょう。

苦手なタイプのスタッフ、意見してくれるスタッフとたくさん話をしよう

◎「店長になかなか話しかけられないスタッフがいる」と意識しておく

私は、仕事を真面目にバリバリやるほうで、さばさばした男っぽい性格です。だめなことはだめとはっきり言うので、きつい性格だと思われていたことでしょう。

それでも私は、スタッフの面倒見がよかったので、こんな私にもスタッフがついてきてくれました。気が合うスタッフがいる一方で、私を話しにくいと思っているスタッフがいることもわかっていました。

あるとき、店長代理にしたいと期待していた、優秀なスタッフが退職してしまったことがあります。退職の原因は、信頼関係ができていないうちに、店長代理へのタイトルアップを半ば強引に進めてしまったことです。早く店長代理を育成しなければ、シフトが組めないという店側の事情もありました。私は期待し過ぎて、本人の希望を十分に聞かなかったのです。

このスタッフの退職は、私にとって、とてもショックな出来事であり、自分のコミュ

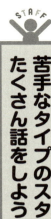

ニケーションの仕方を考え直すきっかけになりました。私はもう、スタッフに不快な思いをさせたくなかったのです。

そこで、次のように努めました。言葉を発する前に、一呼吸します。その間、次に話す内容をポジティブな内容にしようと意識しました。ネガティブ思考からポジティブ思考に変えるのです。

話すテンポもゆっくりと穏やかにして、スタッフの話をよく聞くようにしました。相手が発言しようとしたら、先に譲ります。相手が自分の考えと違うとき、「なるほど、あなたはそう考えているのですね」と、相手をまず受け止めるのです。

このように、私は相手の話を聞くこと、相手を受け止めることを意識してコミュニケーションするようになり、スタッフとの関係もよくなりました。

スタッフにとって、店長は上司です。店長は、文字通り、店で一番上の役職ですから、スタッフが距離を感じるのも仕方がないことかもしれません。店長によって店の方針が変わるし、店の雰囲気も変わります。

いろいろなタイプのスタッフがいますから、店長との相性がよい悪いは出てきます。それは、この店で働きやすいかどうかを決めてしまうほど重要なことです。実際、店長と合わないという理由で、退職していくスタッフもいます。店長は、店長に対して構える、距離を感じるスタッフもいることを知り、コミュニケーションを工夫してほしいと思います。

◎自分にとって耳の痛い話であっても、意見してくれたことに感謝しよう

私が信頼するスタッフの一人に、主婦でスウィングマネージャー（店長代理）のIさんがいました。Iさんは、自分の店のサービス、ホスピタリティに自信を持っていました。アピアランス（身だしなみ）にもこだわり、帽子や紙のハットから髪の毛を一本も出さないようにスタッフに求めます。店長だった私も、紙のハットから髪の毛が出ていることを、Iさんから注意を受けましたが、その言葉遣いと心配りに感激したことがあります。

注意をされるというのは、言われるほうは耳の痛い話です。それ以上に、言うほうも覚悟が必要です。信頼関係があると言っても、他人に注意や意見をするのは躊躇するものです。Iさんの場合、ましてや、上司の店長に物申すのです。なかなか言えるものではありません。

注意の仕方、言葉の選び方には神経を遣います。

年上だけではなく、自分よりも年下の部下やスタッフに対しても同様です。部下に偉

そうに注意し、暴言を吐く人、相手によって態度を変える人というのは本当に嫌なものです。相手が年下であろうが、役職が下であろうが、一人の個人として尊重することが必要だと思います。

自分の周りに、自分の言うことを聞くイエスマンばかりを集めておいたほうが、心地よいですね。しかし、それでは、「裸の王様」と同じです。店長はそうならないように気をつけたいものです。年齢や経験を重ねると、包容力、忍耐力が備わってくると言いますが、店長のあなたには、年齢に関係なく、早い段階で、耳の痛い話でも聞く耳を持つということを身につけていただけたらと思います。

一般的に、人は嫌いな人に意見を言うどころか、関わらないようにします。ですから、意見をするスタッフは、店のため、店長のためだと思っています。何とありがたいことでしょう。

店長は、日頃からスタッフの話をよく聞いて、話しやすい雰囲気、意見を聞いてくれるという安心感を備えておいてほしいものです。スタッフとの信頼関係があれば、スタッフは気づいたことを店長に指摘しやすいからです。彼らは、あなたにとって、本当に貴重な存在なのです。

3章

店の売上げ・利益・販売目標を「稼ぐスタッフ」の目標にしよう

会社の理念、ビジョン、店の目標を熱く伝えよう

◎店という大きな船を進めるために、全員で同じ方向に漕いでいるか

マクドナルドはアルバイトを「クルー」と呼んでいます。クルーは、英語でｃｒｅｗ、「船の乗組員」という意味です。店を船とみなして、そこで働くスタッフをクルーとしているのです。

船のクルーが、それぞれ違う方向に向かってオールを漕ぐと、船はまっすぐ進みません。一人だけ頑張って漕いでもダメです。適当にクルーを配置してもうまくいきません。クルーの力を考え、適切に配置して、声をかけて全員でオールを漕ぐタイミングを合わせると、船は行きたい方向に進みます。

店も同じです。店を運営していくには、スタッフ全員で同じ方向を向いて、進まなければなりません。この進む方向が、会社の理念、ビジョン、店の目標です。

店長や一部のスタッフだけが頑張るのではありません。スキルが不足しているスタッフには、やり方をトレーニングします。くじけそうになったスタッフには、寄り添って励まします。スタッフ全員が個々の能力を最大限に発揮して、チームとして最善の結果

を出すのです。

中世の大航海時代ならば、船長は、行く方向を指し示して、こちらに進めば必ずや新大陸があると、思いを込めて熱く話したことでしょう。船長の判断が間違っていれば、海で遭難して生きて帰れる保証はありません。船長は本気でなければなりません。クルーは危ない船に乗ってはいられないのです。

店長が、自分の理想とする店について本気で語り、それが店長の働く姿勢に表われていれば、スタッフは一緒に働きたいと思います。スタッフはあなたの本気度を見ているのです。あなたは目指す店について、頑張ればできると自信を持っているでしょうか。そして、本当に目指したいと心から思っているでしょうか。そうでなかったら、スタッフに熱く語ることはできないでしょう。まず、あなた自身が本気で取り組む覚悟を持つのです。

事あるごとに、簡単な言葉を使って、「こんな店にしたい」と繰り返しスタッフに話す、目標や将来像をスタッフと語り合う、これも店長としての醍醐味ではないでしょうか。

◎「稼ぐスタッフ」の個人目標を何にするか

店長は、本人がやりたい仕事だけをスタッフに与えることはできません。本人の希望、店のニーズを考えて、適材適所でスタッフの能力を活かす必要があるからです。それでは、スタッフの個人目標を何にしたらいいのでしょうか。

個人目標は、スタッフ本人がやりたい領域と店長が求める領域がなるべく重なり合っていることが理想的です。店の目標を細分化し、その一部であり、スタッフが興味を持っている部分や、これから能力開発できる部分を担当してもらいます。店のＱＳＣの課題項目、特定の品目のコストの削減なども個人目標にして、スタッフが取り組んで達成すれば、自動的に店の目標がクリアするように目標を設定します。

個人目標の中に必ず入れておきたいことは、後輩スタッフの育成やフォローです。トレーナーや店長代理のスウィングマネージャーの目標には必ず入れます。オペレーションが高いレベルでできるようになったスタッフには、できなくてもマイナスの評価をしないことを条件に、後輩スタッフのフォローをしてもらいましょう。

たとえば、新人スタッフが入退店時などで不安に思っていること、わからないことを教えたり付き添ってもらったりします。店長としては、スタッフがアルバイトでも、いずれは店舗運営を任せるリーダー、「稼ぐスタッフ」へ成長することを期待しているものです。「リーダーとは」「リーダーシップとは」を教える前の段階であっても、後輩スタッフに対して面倒見がいい人は、リーダーの資質があるのです。

目標設定で大切なことは、店長がスタッフにその仕事を割り当てた理由、仕事の内容、重要性をスタッフに理解してもらい、納得性を高めることです。そして、スタッフが目標を達成するために、店長はバックアップをすることを約束し、彼らへの期待を伝えます。店長がスタッフの成長を願い、仕事を通じて、スタッフのスキルアップを助けるのです。

目的、目標を持って働こう

◎スタッフに商売人マインドを持たせる

私は、入社して約半年後にマネージャートレーニー（マネージャー見習い）からアシスタントマネージャーに昇格しました。

当時の担当スーパーバイザーは厳しくて、とても怖い存在でした。私が電話に出ると、決まって「昨日の売上げはどうだった」という質問からはじまります。昨日の売上げ、今月の売上げ、客数と前年比、今日の目標売上げ、アルバイトの労働時間数、労務費のセールス比率、プロモーション商品の販売数、千人換算したときの販売率等々、すべての数字を把握しておいて、即座に報告しなければなりません。もし、答えられなかったとしたら、「あなたは何を目標にして働いているのか」と、叱られてしまいます。

最初は叱られるのが嫌で、勤務がはじまる前に、これらの情報を携帯している自分のメモ帳に書き込んでいました。毎日スーパーバイザーが電話をかけてくるわけではありませんが、このおかげで、これらの情報を確認することが私のルーティンになりました。上司は、「俺たちはサラリーマンではない、商売人だ」と言って、部下たちに商売人マインドを持つようにいつも求めていたのです。

ここで質問です。今日の目標売上げが30万円、前年の売上げが28万円だった日の閉店間際、あなたは28万9０００円で店を閉めますか。前年の売上げを超えているからいいと思いますか。

私なら、目標売上げにはまだ1万１０００円足りませんが、閉店までにせめてあと１０００円売り上げて、29万円ぴったりにします。ほんの少しの差かもしれませんが、数字の見栄えが全然違います。商売人なら、売上げにこだわって、こだわって、もう一歩踏ん張る気持ちが大切だと思うのです。そして、売り上げたときの達成感が私の喜びだったのです。

その後、私もスタッフに対して、商売人マインドを求めるようになりました。私は店に出勤すると、「昨日の売上げは？　今日の目標セールスは？」とスタッフに問いかけました。私が上司からトレーニングされたように、スタッフにもこれらの情報確認を仕事の一部として、癖にしてほしかったのです。

翌日、私は出勤すると、レポートの売上額を真っ先にチェックしますが、目標売上げぴったりの数字だったとき、私はスタッフを心からほめました。閉店まで売上げを意識して、ギリギリまで粘って商売をした結果が、きちんと数字にも表われています。

店長のみならず、スタッフ全員がいつも売上げを意識して店舗運営をしなければなりません。スタッフに、商売人マインドを持ってもらうこと、商売は楽しいという気持ちを持ってもらうことが、何よりも大切なのです。

売上げ、コスト、利益、販売数などの情報を全部オープンにしてしまおう

◎売上げ、販売数などを一覧にして掲示しておこう

ある店では、近くで地元の花火大会が開催され、1年で一番の売上げが期待できる日

があります。この日は毎年セールスチャレンジデー。どんな時間帯であっても、スタッフ全員が出勤します。

店長の私がお願いしなくても、スタッフは、今年は店頭でどの商品を販売しようか、催しお客様感謝デーも開催して、お買い上げのお客様にどんなプレゼントをしようか、催し物は何にしようか、どんな広告看板をつくろうかなど、1ヶ月以上前から相談しにきてくれます。

当日、厨房の壁には目標売上げ、目標客数、時間ごとの達成度を書き込む大きな紙を掲示しました。毎時間、セールスレポートが出て、「○万円達成しました」と大声で発表すると、店の中も、ちょっとしたお祭り気分になります。忙しさの中に楽しさと活気を感じ、飲食店で働く喜びを感じる瞬間なのです。

もし、具体的な目標売上げの金額、実際の売上げ金額を共有していなかったら、これほど活気に満ちたセールスチャレンジデーにならなかったでしょう。情報などを口外されることを恐れてスタッフに伝えず、秘密にしておくこともできます。しかし、そんな怖れより、スタッフが情報を知らないほうが、はるかに店舗運営に支障をきたすはずです。

店舗運営に関する数字などはすべてオープンに、売上げ、販売数などを一覧にして、スタッフルームの掲示板に常時掲示しておきましょう。さらに私は、店長代理のスウィングマネージャーに、売上げ、客数などのレコードを印字した用紙を胸ポケットに携帯してもらっていました。こうすると、過去の最高セールスがいくらなのか、常に把握することができます。

具体的な数字は、何よりも説得力があります。そして、私のスタッフのように、日々数字を意識し、商売人マインドを持って仕事をしてくれるのです。

◎プロモーションの目的も理解してもらおう

私は、プロモーションがはじまる前に、試作、試食を兼ねて、その目的をスタッフに理解してもらうため、ミーティングを行なっていました。そして、販売促進の案も相談していました。

マーケティングやブランディングの話になりますが、「□□と言えば○○」と、お客様に認識してもらうのは、なかなか難しいものです。お客様がチキンを食べたいなと思ったときに、マクドナルドに食べに行こうと思い起こしてもらえるようにしなければなりません。ミーティングを行なった結果、スタッフはそういう目的がわかったので、チキンのおいしさを一度体験してもらおうと、一口大に切り分けたチキンの試食をお客様にお勧めしてくれました。

今のお客様はただ安いものではなく、本当においしいもの、珍しいもの、新感覚の体験ができるもの、食材は安全安心で生産者が見えることなど、価格以上の付加価値やお得感を求めています。他の店に比べて見劣りする店が生き残っていくのは難しい時代になりました。あまたある店の中からお客様に選んでもらえる店になるように、店長は、スタッフと一緒に努力しなければなりません。

スタッフが120％スキルを発揮できるシフト表を作成しよう

◎一番売れる時間帯では、全員がベストのパフォーマンスが発揮できるポジショニングに

1999年の秋、マクドナルドが幕張メッセの東京モーターショーに出店した際、私はカウンターとウォークスルー（歩きながら注文するドライブスルーの徒歩版）の総合担当として指揮を執りました。1日のスタッフの総人数は百数十名以上、労働時間は約1000時間、小規模店舗の約1ヶ月分の売上げを1日で売り上げてしまうような巨大な店です。

そこで働くスタッフは近隣の店からヘルプで来てもらいました。1日のシフト表は複数枚あります。当初私は、スタッフの顔と名前が一致せず、誰がどんなスキルを持っているのかわかりませんでした。エリアごとに配置したマネージャーも同様に把握しきれず、ポジショニングに苦慮し、全員に指示をしっかり出しているとは言い難い状況でした。なかには、自分の役割がよくわからず、ボーっとしているスタッフもいました。スタッフの生産性にばらつきが出ていて、スタッフ全員を活かしきれていなかったのです。

毎日十数万人というお客様がモーターショーに来場される土日、祝日を迎えるにあたり、私には対策が必要でした。会期中、数日に渡って勤務してくれるスタッフを、彼らが得意とする仕事にポジショニングし、セールスレコードを樹立するという目標とそれぞれの役割を確認したのです。

すると、彼らは自分自身の持てる力を最大限発揮し、他の人の2、3倍速のすばらしい働きをしてくれました。歴代の売上げ記録こそ塗り替えることはできませんでしたが、それに次ぐ高い売上げ、客数を記録することができたのです。

通常の店でも、必要以上にスタッフの人数が多いシフト表を作成すればいいわけではありません。人件費がかかり過ぎてしまいます。また、スタッフが少な過ぎるのも、お客様に必要なサービスが提供できず、迷惑をかけてしまいます。それでは、どれくらいの人数が適正なのでしょうか。

実際、一番いいのは、ちょっと少ないくらいの人数です。歩くのではなく、小走りすれば間に合う程度の作業量です。そして、スタッフの役割が重複せず、私が頑張らなければ店がうまく運営できないという状況になれば、動きが格段に上がります。それぞれのスタッフは自分の持てる力の120％を出してくれるのです。

このように、時間帯や売上げに見合った必要な人数を、適材適所で、ポジショニングしたシフト表を作成できるかどうかで、スタッフが最高のパフォーマンスを発揮できるかが決まってきます。たかがシフト表とあなどるなかれ。シフト表は店舗運営の要なのです。

◎スタッフ一人ひとりをやる気にさせる方法

店舗運営における適正人数は、ちょっと少ないくらいが丁度いいと言いました。働いているスタッフが疲れてしまうのでは、と心配する声も聞こえてきそうです。

スタッフの適正人数は、業態、メニュー、オペレーションシステム、省レーバー化した機器等の使用、作業効率の高い導線かどうか等によって異なります。

ですから、一概にこの業態は○人とは言えません。同じ飲食チェーンでも、店舗によっては同じ売上げでも適正人数が異なることもあります。

適正人数で最大限のパフォーマンスを発揮したよい例があります。私が店長として勤務していた店で、セールスチャレンジに臨んだときのことです。アシスタントマネージャーのIさんが、事前に各スタッフを一番得意とする作業にポジショニングし、目標をシフト表に明記し、スタッフ全員がどんな役割で当日臨むのかを一目でわかるようにしました。

そして、スタッフ一人ひとりに、目標と励ましの言葉を書いたカードを渡し、彼らへの期待を伝えてくれたのです。当日、スタッフ全員がそれぞれの役割をはたしました。忙しくても、疲れるどころか、生き生きと仕事をしてくれました。

適正人数のシフト表を作成する目的は、お客様に満足していただけるサービスを提供し、売上げを最大限獲得することです。しかし、適切なシフト表をつくっただけでは、達成できません。実際に、スタッフに120％の力を発揮してもらわなければならないのです。適材適所でポジショニングすること、スタッフの役割を明確にすること、彼らに120％の力を期待することで、スタッフ一人ひとりのやる気を引き出すことができるのです。

「今日売れました」ではなく、「今日売りました！」

あなたは、上司に売上げ報告をするときに、「今日売れました」と言いますか。それとも、「今日売りました」と言いますか。あまり違いはないと思われるかもしれませんが、実は、この二つの言葉には大きな違いがあるのです。

マクドナルドで新しいプロモーション商品を発売すると、初日から一週間は爆発的に売れ、予想以上の反響に、店は来店されたお客様でごった返した状況でした。アシスタントマネージャーだった私は、シフトを終えた頃には、へとへとに疲れ切ってしまいます。私の予想をはるかに超え、売れている状況に翻弄されてしまったのです。

シフト運営がうまくいっていない様子を見ると、だいたい、マネージャーがトラブルの対処に終始しています。このように自分の行動とは関係なく売れてしまったことが、「今日売れました」という言葉になります。

◎シフト前6割、シフト中3割、シフト後1割

私は、シフト運営を改善するために、シフト前の準備に6割、シフト中の運営に3割、シフト後の振り返りに1割の労力を使うことにしました。

シフト前の準備では、セールスプランの作成、シフト表の確認とスタッフのポジショニング、資材発注と在庫の確認、当日のピーク前の準備など、できる準備をすべてやるようにしました。準備がきちんとできれば、後は自分の心構えだけで、スムーズなシフト運営ができます。

また、シフト後の振り返りも大切にしました。どういう行動をして、どういう行動をしなかったから、この結果になったという分析です。この「シフト後の1割」を実践するかどうかで、次のシフトにも影響してきます。

一般的なビジネスの場でも、仕事は「準備8割、本番2割」と言われます。それだけ準備が大切だということです。シフト運営の成功は、日頃から、シフト前6割、シフト中3割、シフト後1割を繰り返しているかで決まります。それを実践できるマネージャーは、シフト運営のスキルが上がっていきます。

このように、「売るぞ」という意思を持って、主体的に取り組むことで、結果に大きな違いが出ます。「今日売りました!」には、そういう意味があるのです。

◎仕事をルーティン化する

「ルーティンワークばかりで嫌になる」とルーティンワークに関して否定的なことを言

う人がいます。ルーティンとは、決まりきった手順や、日常の仕事のことです。やらなくてもいい仕事ならば、ルーティンにはなりません。店舗運営においても、煩わしくて面倒くさいルーティンワークが少なくありません。

私は仕事をルーティン化することには利点があると考えています。利点は三つ、誰でも当たり前に行なえること、漏れやミスを少なくできること、時間的に効率よくできることです。

ひとつ目は誰でも当たり前に行なえることです。シフト運営の基本はシフト表です。ルーティンワークは、日常の仕事において必要不可欠なので、毎月、毎週、毎日、定期的に行なう必要があります。ルーティンを、シフト表に組み込んでプランニングしておけば、面倒くさいという気持ちを切り離して、その時間になったら、やらざるを得ない状況にしてしまうことができます。そうすれば、そのルーティンワークをやり忘れることはありません。

二つ目に、漏れやミスを少なくできるという利点です。飲食店において、フードセーフティ（食品の安全）はルーティンのひとつです。フードセーフティチェックリストは絶対に行なわなければならないもので、1項目でもチェックミスがあってはなりません。マネージャー間でのシフトの引き継ぎのときには、フードセーフティの記録に漏れはないかを一緒に確認します。

三つ目の利点は、効率よくできるということです。私が一緒に働いてきた「稼ぐスタッフ」は、出勤すると連絡ノートを読み、売上げなどの情報をチェックします。店の状況を確認する際には、歩くルート、見るべき個所がチェックリストで明確になっています。ルーティン化された仕事の流れに沿って、彼らは作業をしているので、短時間で、とても効率がよいのです。

このように、毎日やるべきものをチェックリストにしておいて、それを順序よく作業をしていきます。スタッフには、経験やスキルの差がありますが、その足りない部分をチェックリストで補うことで、高いレベルでルーティンワークを行なうことができるのです。

考えてみると、自分の周りにいる、仕事ができると言われている人は、やるべきことを確実にこなし、ミスが少なく、効率がいいのではないでしょうか。何か作業をするときには、右からと決めていたり、順序を決めている人もいます。また、毎日実施する時間を決めておくことで、リズムにしている人もいます。仕事のルーティン化は、高いレベルで仕事をする上で必須なのです。

STAFF

あの天才イチローでさえ、打率3割バッター

◎お客様に商品をお勧めして断られたらどうするか

私は、大学生のとき、スーパーでの試食販売のアルバイトをしていました。土曜日、日曜日の休日に、1日限りスーパーに派遣されます。商材をホットプレートなどで調理したり、カップに少量取り分けたり、お客様に試食していただいて気に入ったら買っていただく、というお仕事です。行くスーパーは毎回別の場所です。お勧めする商材はウインナー、ズッキーニなどの当時珍しい野菜、コーヒー、ビールなど、いろいろ変わりました。

私の前を通るお客様は、興味を持って試食をしてくださる方、脇目も振らずに通り過ぎる方など、いろいろでした。私は、仕事終わりに販売数や試食数、お客様の反応などをレポートに書きます。幸い、販売数のノルマはなかったので、私はこの仕事を結構楽しんでいました。お客様に商品をお勧めして、試食の感想をいただけるだけでもありがたいのに、「いただいていくわ」と商品を買い物かごに入れていただくことも多かったのです。

もし、試食を断られ、買わないと言われても、それは、私のせいではなく、他の理由

もあるでしょう。コーヒーは苦手、ビールは銘柄にこだわっている、家に在庫があるから今日は買わないというお客様もいます。理由は私が知り得ないこともたくさんあります。当時、私はそういう割り切りもできました。断られたことにいちいちくよくよしていたら、試食販売などできません。

この試食販売の仕事では、もちろんお客様に買っていただくことが一番です。しかし、お客様が商品について情報を認識してくだされば、まずはいいのです。もしかしたら、「この前試食しておいしかったな」と思い出して、次の機会に購入してくださるかもしれません。これなら、私がお勧めしたかいがあったというものです。

◎自分の言葉で、お客様のためにお勧めしているか

あるとき、私が一人で食事に行った定食屋では、御飯、お味噌汁がお替り自由でした。しかし、メニューをよく見ない私は、そのことを知りません。食事を終えて席を立ったとき、隣の女性客がお替りをしていて、メニューのお替り自由の文字が見えたのです。

私は、とくにお替りをしたかったわけではありません。私がお替りしなくてもお得な情報を教えてくれればいいのに、次に友達と一緒に行くとしたら、「お替りできる店があるよ」と気持ちよく宣伝してあげるのにと思いました。「お替りもできますよ」とい

う一言がないばかりに、私は、その店とスタッフにちょっと嫌な思いをしたのです。

私が一緒に働いていたスタッフの中には、お客様にお勧めすることに慣れていなくて、断られることに抵抗感を持っている人もいました。お客様から断られたら嫌だなと思っていたのです。

そういうとき、私がスタッフに話していたのは、あの天才バッター、イチローのことでした。イチローはメジャーリーグでも活躍している有名な野球選手です。野球の天才であるイチローが長年打席に立つ努力をして、3割台の打率など数々の輝かしいタイトルを獲得してきたのはみなさんもごぞんじでしょう。

私たちスタッフはどうでしょうか。イチローのように特別な能力はなく、天才でもありません。私たちが10回お勧めして、もし3回お客様がいい反応をしてくださったら、それは3割成功したことと同じです。野球とは違うということはさておき、天才イチローでさえ10打席立って、3割打てればいいほうだと思えば、気が楽になりませんか。

お客様に商品をお勧めするのは、よい商品やサービスを知ってもらおうとすることです。そして、お勧めするのは、私たちのためではなく、お客様のためです。それを忘れずにお勧めするならば、このスタッフが自分のために言っているかどうかは、お客様もわかってくださいます。

4章

「稼ぐスタッフ」を育成しよう

あなたは「稼ぐスタッフ」を育成できるか

◎スタッフの特徴を10個挙げてみよう

「稼ぐスタッフ」を育成するスキルについてお話しする前に、あなたに育成スキルの基礎が備わっているかどうかを診断してみましょう。

まず、部下であるスタッフを一人思い浮かべます。その人が仕事をしているときの特徴を10個挙げてください。スタッフはこんな人という特徴で、外見、態度、職場での言動などで、とくに際立っている点です。外見ばかりではなく、一緒に仕事をしたり、活動したりしているからこそ知り得る、内面的な特徴を具体的に挙げるといいでしょう。なお、性別、年齢、学歴など、属性に関する事柄は含みません。これ以降読み進める前に、メモしてください。

では、あなたが挙げた10個の特徴を、そのスタッフをよい点から見ているか、悪い点から見ているかという観点から、二つに分けてみましょう。ほめているところと、できていない、ダメだと思っているところの二つの分類です。あなたが挙げた特徴は、よいところが何個で、悪いところが何個だったでしょうか。

何気なくスタッフの特徴を挙げてみると、目につくところ、際立っているところというのは、スタッフができていないところが多いのではないでしょうか。

たとえば、動きが遅い、作業効率が悪い、仕事の手順が間違っている、言葉遣いがなっていない、時間にルーズなどです。スタッフはまだまだ成長段階で、あれもこれもできていないと考えてしまっていることもあります。私もはじめは特徴を10個挙げるため、苦し紛れに、スタッフのできていないところばかりを粗探ししたものです。

できの悪いスタッフのよいところを挙げるのは無理だと思った方もいるかもしれません。そのように考えてしまう原因のひとつは、ひと昔前の厳しいスパルタトレーニングです。このトレーニング方法では、できないところを改善することに主眼を置いていました。ですから、できていないところばかりを探してしまうのです。

個人に、能力の差があるのは当然です。ここでは、他のスタッフと比べずに、その部下一人だけを見て特徴を挙げましょう。育成スキルの基礎が備わっているかどうかの診断では、スタッフの特徴のよいところを8割、できていないところを2割挙げていれば合格です。

よいところは「ほめどころ」です。今は「ほめて育てる」という時代です。スタッフは、ほめられればやる気になります。「ほめる」は、育成スキルの基礎で、そのための「ほめどころ」を発見することが必要なのです。

◎育成スキルの基礎を身につけるには訓練が必要

スタッフのできていないところばかりを挙げてしまったとしても、自分には育成スキルの基礎がないと諦めることはありません。仕事ぶりを観察するとき、正しい基準と照らし合わせるので、基準との違いに気づきます。それはできていないところで、目につきやすいものなのです。実は、スタッフの「ほめどころ」は、意識的に探さなければ見つかりにくいのです。これは、次の二つの訓練をすれば身につけることができます。

訓練のひとつ目は、「よいところ探し」です。この人のよいところは何だろうと、スタッフのよいところだけを探します。最初はこの考え方に慣れていないため、よいところを8割も発見するのに苦労するかもしれません。とくに内面的な部分は、なかなか見えてきません。

「よいところ探し」をすると、徹底的にスタッフを観察することになるため、これまで気づかなかったよいところにも気づくようになります。そうすれば、よいところを素直によいと認めて、ほめることができます。

訓練の二つ目は、「課題を前向きに伝える」です。できていないとして挙げた2割は、スタッフが成長するための課題です。先ほど特徴を挙げたときには、スタッフに伝える前提ではなかったので、できていないところをそのまま伝えたら、スタッフが不快に思うかもしれません。

ですから、残りの2割は表現を工夫して、課題を上手に指摘します。具体的なフィードバックの方法は後述しますが、「あなたのいいところは……、もっとよくなるためには、こうするといいですよ」と、スタッフの成長を常に期待する言い方に変え、それをフィードバックのときの口癖にするのです。

教育は「共育」とも言われます。トレーナーはスタッフを教育している一方で、自分もその中から大きな学びを得ています。自分自身の理解度向上のための予習や、説明の仕方を練習して上達させるだけではありません。育成スキルの基礎となる「ほめる」ことに磨きをかけることで、トレーナーの育成スキルを向上させることができます。

ぜひ、よいところを探す訓練と、課題を前向きに伝えていく訓練をしてみてください。スタッフを育成するトレーナー自身も、ともに育っていく心づもりでいることが大切なのです。

最短でスタッフを戦力化しよう

◎効率よくスタッフを一人前にするには

店長は、新人スタッフを採用したら、なるべく短時間で一人前に育成して、ひとつの仕事やポジションを任せて、店舗運営したいと考えます。効率よくスタッフを一人前にするには、どうすればよいでしょうか。

まず、作業の方法、手順を統一した、教材やマニュアルの整備です。優れたマニュアルには有用性があります。マクドナルドのクルー（アルバイト）は、全国で16万人。マクドナルドの店に行って笑顔のある接客を受けられるのは、マクドナルドがお客様に提供するサービスの基準を優れたマニュアルで全国統一した上で、個々のクルーのスキルを活かしているからです。16万人のクルーをトレーニングするには、その場限りのトレーニングではなく、一貫性を持ったトレーニング内容が必要なのは理解できるでしょう。

大規模チェーン店であればマニュアルを活用していますが、そうでなくても、マニュアルは必要です。口頭で伝えると、教えるトレーナーによって作業の方法、手順が異なるということが発生してしまうからです。個々のトレーナーのスキルだけに頼っていると、必要なことが教えられていないために、統一した基準の商品やサービスがお客様に提供できないなど、顧客満足度の低下にもつながります。分厚いものは必要ありませんが、必要な情報をきちんと伝えるためのツールは準備しましょう。

一人の新人スタッフを採用するには、多くのコストがかかります。求人媒体の費用、店長の面接時間分の賃金に加えて、新人スタッフの初期トレーニングには、トレーニーの時給、教えるトレーナーの時給なども加算されます。だから、だらだらと何時間もかけていいわけではありません。

そのため、トレーニング時間の目安は必要です。ひとつのポジションで基本のオペレーションがひと通りできるようになるまでの目安の時間を設定しておきます。そうすれば、トレーナーもペースがつかみやすく、効率よいトレーニングが期待できます。

効率よく、最短でスタッフを一人前にする目的は、アルバイトの平均在籍年数があまり長くないからです。パート・アルバイトの労働力に大きく依存している業界では、短期間でひと通りの基本オペレーションを習得してもらいたいのです。

また、有能なスタッフには、半年、1年でトレーナー、店長代理のようなリーダー格の役職に昇格してもらわなければなりません。人材活用の面でも、効率よく人材育成することが必須なのです。

◎トレーニング、承認をサイクルにする

アルバイトの育成に関して、マクドナルドはよく参考にされます。そのひとつが、トレーニングのレコグニション（承認）です。クルー（アルバイト）がステーションごとにオペレーションを習得すると、チェックリストの合格基準に照らし合わせて、トレーナーからレコグニション（承認）を受け、レコグニションシールがもらえます。

レコグニションシールの数は、その人のスキルを表わしています。スタッフルームには、トレーニング進捗表を掲示して、この進捗表にレコグニションシールを貼り、トレーニングの進捗状況がひと目でわかるようになっています。レコグニションを受けると、他のスタッフが「おめでとう」と声をかけてくれるので、スキルアップする意欲を後押ししてくれるのです。

トレーニングは、トレーナーが行なうだけではありません。トレーニングを受ける側のトレーニー自身が、自分の仕事が終わった後などに、ツールを確認したいと申し出てくることもあります。早くオペレーションができるようになりたい、早く一人前になりたいと思うからです。

このような、自主的に学習したいという意欲を無駄にしてはいけません。マニュアルやチェックリストなどの教材をいつでも手に取って確認できるようにしておきましょ

う。セルフトレーニングも大切なトレーニングの一部なのです。

新人スタッフのトレーニングは、最初はトレーナーとのマンツーマンです。新人スタッフがひとつのステーションができるようになったら、そのステーションではトレーナーはつきません。次の新しいステーションのトレーニングは、スウィングマネージャー、トレーナーが、事前にトレーニング時間をプランしていなくても、売上げの低い、少し余裕のある時間帯に進めてくれます。また、店長が指示しなくても、店の運営状況に合わせて、新人スタッフのトレーニング時間を捻出するのです。

スタッフが時間を無駄にせず、進んでトレーニングとレコグニション（承認）し、スタッフのやる気、意欲も向上させるよいサイクルを生み出します。スタッフがトレーニングの必要性を理解して、スタッフ同士でどんどんトレーニングする状況があるからこそ、パート・アルバイトを最短で戦力化できるのです。

店長自身がスタッフを直接トレーニングすることもありますが、アルバイトの先輩スタッフで、トレーナー資格のあるスタッフに任せることをお勧めします。

店でトレーニングスキルが一番高いのは店長ですが、スタッフのトレーニングにおいて、アルバイトのトレーナーには敵いません。トレーニングを受けているときの、トレーニーのリラックスしている様子は、店長自らがトレーニングをしているときには、残念ながら、それほど見られないからです。

その一番の理由は、トレーナーは、もっとも身近な、頼れるアルバイトの先輩だからです。とくに新人スタッフは、すべてが初めてのことばかりで不安に思っていますから、同じように新人スタッフという立場で勤務した経験のあるトレーナーに親近感を抱きます。

そして、トレーナーは多くの失敗や成功を経験しているので、新人スタッフがどこで躓くのかを理解していて、よき相談相手になってくれます。新人スタッフのトレーニングには、アルバイトの先輩であるトレーナーに担当してもらうのがベストなのです。

では、店長は、トレーナーに、どんなことを求めたらいいのでしょうか。

マクドナルドでは、トレーナーには、「ティーチャー」「コーチ」「エキスパート」「ロールモデル」という四つの役割を求めています。どれかひとつが欠けてもトレーナーとして成果を出すことはできません。

①ティーチャー

基準や手順を正しく教えること。決められた方法は一番効率がよく、ミスや漏れがありません。

②コーチ

トレーニーを励ましながら、トレーニー自身の力で目標達成するように支援すること。成長には個人差があることを理解して、無理なペースでトレーニングを進めません。

③エキスパート

ピークの時間帯、高いレベルで作業をこなすことができること。スキルが高いスタッフは、まわりのスタッフから尊敬され、一目置かれます。

④ロールモデル

スタッフの模範、手本となること。よいこと、悪いことの分別がつくことはもちろん、まわりのスタッフから手本とされるような態度、言動が求められます。

このトレーナーの四つの役割は、どんな業界、業種でも、正社員に対しても、アルバイトに対しても、スタッフをトレーニングする立場にある人が使うことができる、基本的な考え方です。トレーナーには、常にこの四つの役割を意識してもらいます。

◎トレーナーには相手が成長することに喜びを感じる人を選ぼう

店のスタッフのトレーニングをうまく進めていくために、店長には、トレーナーの人選と育成の二つの大きな役割があります。

まず、トレーナーの人選です。私は、トレーナー候補の第一条件を、「他のスタッフに対して面倒見がいい人」としていました。なぜなら、トレーナーとしての四つの役割のうち、一番重要なのは「コーチ」としての役割だからです。トレーナーは教えればいい、自分だけができればいいわけではありません。不安に思う新人スタッフに寄り添って、励ましながらトレーニー自身の力で目標達成させるように支援します。トレーニーの目標達成や、トレーニーの成長が自分の喜びとなるような人が最適なのです。店長代理のスウィングマネージャーや他のトレーナーに、その条件をクリアしているスタッフを推薦してもらいます。

次にトレーナーを育成することです。トレーナー候補の適任者を選んだら、先に挙げた四つの役割を理解してもらいます。とくに、ティーチャーとしての役割は大切で、適切な教え方を身につけて、効率のよいトレーニングをしてもらうのです。

トレーナーを育成するのも、店長が直接トレーニングするのではなく、スウィングマネージャーや先輩トレーナーに任せます。彼らにはアルバイトスタッフのリーダーとして、店での影響力を発揮してもらうためです。また、トレーナー候補を推薦したからには、育成にも積極的に参加してもらうという意図もあります。

トレーニングは、トレーニングを受ける側のトレーニーばかりでなく、トレーナー自身の成長を促し、店全体のトレーニングを加速します。トレーナーは、自分が後輩スタッフの育成に関わることで責任感を持ち、彼らの成長に貢献できることで自分の存在意義を感じます。

店長は、自分が手をかけることは少なくてもいいのです。その代わり、スタッフが「先輩スタッフに育成してもらったから、今度は自分が後輩スタッフを育成する番だ」と思ってくれるようなよい連鎖をつくり出し、スタッフ同士が育成し合う伝統をつくりましょう。

トレーナーチームに活躍してもらおう

◎トレーナー全員がスタッフのトレーニング進行状況を共有しよう

スタッフのトレーニングは、毎回同じトレーナーが担当することが理想的です。トレーニーのトレーニング進捗状況がよくわかり、信頼関係が早い段階で築けるからです。しかし、それぞれのスタッフが週2、3日の勤務では、同じトレーナーを付けてあげることはなかなか難しいのが現状です。

そこで、トレーナー全員がチームとなって、全スタッフのトレーニングを管理します。スタッフのトレーニング状況は、トレーニング進捗表、トレーナー専用連絡ノートやトレーニーのチェックリストに記録して、情報を共有するのです。

そうすれば、別のトレーナーが担当しても、前回の状況を把握できて、無駄なトレーニング時間を使わずにすみます。

また、トレーナーチームは、定期的なミーティングで、ノートやチェックリストでの記録だけでは不足する情報を共有します。文字では伝えづらいニュアンスも、直接話して理解を深め、情報に対する感じ方、温度差も合わせることができます。これで、トレーニングの質も向上するのです。

トレーナーチームにトレーニングを任せれば、多くのスタッフをトレーニングすることができます。24時間の店舗であれば、店長とアシスタントマネージャーのシフトカバー率は多くて3分の1程度、店の運営の他に、トレーニングに充てられる時間は相当少なくなってしまいます。トレーナーにトレーニングを任せることで、トレーニングの量を確保しつつ、店長は店長にしかできない業務に専念することができます。

私は、トレーナーチームを統括する役割も、店長代理のスウィングマネージャーに任せていました。店長は、店のスタッフィング、トレーニングについての方針をこのスウィングマネージャーに一番に伝え、一緒に考えればいいのです。その後、細かく指示をしなくても、方針を伝えておけば、自分たちで考えて行動し、迷ったときは店長に相談してくれます。

先輩スタッフが、後輩スタッフを育成するという伝統は、トレーナーチームの活動なくしてつくり上げることはできません。店のスタッフ育成を担うという責任感、トレーナーチームとしての一体感は、トレーナーという役職のやりがいにつながってくるのです。

◎スタッフの成長には個人差がある

夏休み目前の7月中旬、一人の女子高校生Sさんを採用しました。トレーナーが、新人スタッフのSさんをトレーニングしてくれましたが、当初から、肝心の笑顔がありません。トレーニングしても覚えが悪いので、トレーナーの間でも、あまり評判がよくありませんでした。私は、サービス業に不向きな人を採用してしまったと思いました。

ひと通りトレーニングが終わると、手順は覚えて1人で接客できるまでになりました。しかし、いまだに笑顔もなく、覇気がありません。いつお客様からクレームが入ってしまうかと思うほど、私は見ていて内心ハラハラしていました。土日の昼の混雑時には、彼女を接客から外し、ドリンクをつくる担当にしたこともあるほどです。

このままでは、カウンターエリアで接客の仕事を任せられません。私は、接客スキルが向上しなかったら、Sさんには接客させないことにしました。Sさんは、動きはスピーディになっていたので、厨房でハンバーガーをつくってもらってもいいと思ったのです。しかし、トレーナーチームはSさんの接客スキルが向上するように、気づいたことをフィードバックし続けてくれました。

オペレーションスキルコンテストのために、Sさんのカウンター接客を審査したときのことです。驚いたことに、Sさんは緊張しながらも、優しい雰囲気が出ていて、とても丁寧な接客でした。結局、全員の審査を終えると、一番評価が高かったのです。他に審査をしたスウィングマネージャーの意見も全員一致で、Sさんをカウンター接客部門の店舗代表として、エリア戦への出場を決めたのです。

結果は、Sさんがカウンター接客の部門でエリア優勝。まさか、あのSさんが優勝するとは。Sさんは、お辞儀の仕方、角度、メリハリのある動作で、お客様も笑顔になるほど優しい接客ができるまでに成長していました。あの、笑顔がなかった接客は見る影もありません。

スタッフの成長には個人差があります。最初にサービス業に向いていないと思った人でも、Sさんのように、急成長してすばらしいサービスを提供できるようになる人もいます。Sさんが変わったのは、日頃からトレーナーチームがSさんにフィードバックし、小さなこともほめて、自信をつけさせてくれたからです。このような細やかなフォローは店長一人ではできません。Sさんの成長に期待し、あきらめずにトレーニングし続けた、すばらしいトレーナーチームのおかげなのです。

「稼ぐスタッフ」を育成するスキル

◎トレーニングをする際の注意点

トレーニングをはじめる前の段階で、新人スタッフに、最初に職場に対してよい印象を持ってもらうことが必要です。新人スタッフは慣れない職場で、緊張しながら勤務をはじめます。トレーナーやスタッフとの初対面で、「今日が初めての勤務ですね」「一緒に頑張りましょう」と次々にやさしく話しかけられたら、どうでしょう。自分がスタッフの一員として歓迎されていると思うはずです。これで、新人スタッフの緊張も一気に和らぎます。

「今日新人入るって。知らなかった」と、まったく気にされていなかったら、歓迎されていないのか、と嫌な気持ちになります。新人スタッフが入店するときには、当日一緒の時間帯に勤務するスタッフが必ず声をかけ、歓迎ムードで迎える雰囲気を日頃からつくっておきます。

また、トレーニングをする際には、カウンター付近や店先の、お客様から見える位置でトレーニングしないように気をつけます。本人たちは一所懸命なので、お客様からどのように思われているかは気にしていません。トレーナーが、トレーニーに対して偉そうな態度や横柄な言葉遣いをしていれば、お客様からスタッフの態度が悪いと思われてしまいます。「おしゃべりしているなら接客すればいいのに、感じの悪い店」という評判になってしまうかもしれません。

◎オープンクエスチョンを使おう

「稼ぐスタッフ」を育成するためのスキルをご紹介します。トレーニング効果を高めるスキル、トレーニーのやる気を引き出すスキル、叱るスキルの三つです。

まず、トレーニング効果を高めるスキルです。トレーナーはトレーニーの緊張が和らぐように笑顔で接し、トレーニーにどんどん話してもらえるような雰囲気をつくり出すのがポイントです。人はリラックスしているときには、たくさん話す傾向があります。逆に言うと、たくさん話せば、リラックスして楽しかったと思ってくれるのです。

話を引き出す方法には、オープンクエスチョンを効果的に使います。オープンクエスチョンとは、When（いつ）、Where（どこで）、What（何が、何を）、Why（なぜ）、Who（誰が、誰を）、How（どのように）という英単語の頭文字を取って、5W1Hで表わされる、イエスやノーだけでは答えられない質問のことです。反対語で、イエスやノーで答えられる質問はクローズドクエスチョンと言います。

トレーニーに話してもらうには、「これまでのところは理解できましたか」ではなく、「ここまで学んだところについて、どう思いましたか」と質問します。

気をつけなければいけないのが、オープンクエスチョンは、答えにくい質問でもあるということです。「あなたの名前は何ですか」と聞かれれば答えやすい。しかし、「あなたはこれについてどう思いますか」と漠然とした、答えの範囲が広い質問は、答えるのがかなり難しくなります。

聞かれている内容が間違っていないか、自分の答えは質問者の意図に沿っているかどうか、答えが受け入れられるかどうかなど、考えれば考えただけよけいに躊躇してしまいます。トレーニングにおいて、答えられない質問をしてしまうのは逆効果なのです。

ですから、オープンクエスチョンは、聞きたい内容を細分化して、具体的に質問するのが秘訣です。「必要な道具が三つあります、それは何ですか」「この手順を五つのステップで説明してください」など、トレーニーが答えられる質問にします。答えられないようであれば、さらに細分化して、ヒントを出して、答えてもらいましょう。

トレーニーには話すチャンスをどんどんあげてください。トレーナーが話す比率は60パーセント、50パーセントくらいに留めておくのが理想的です。

◎「三人の学習」でトレーニング効果をさらに高めよう

トレーニング効果を高めるスキルに、「3人の学習」があります。3人とは、教える人、自分、教わる人のこと。自分が教わったこと、覚えたことを、今度は教える人の立場になって第三者に教える方法です。

実際にトレーニングするときにも、これを活用します。トレーニーが手順をいちおう理解できているのであれば、ここで学んだことを、トレーナーを相手にして説明してもらうのです。説明は、なるべく流れのある最小単位の作業にします。たとえば、お品物をお渡しして、会計をするまでの手順です。

すべてを完璧に説明できなくても、大まかな流れで説明できていればいいのです。日頃から使う専門用語や大切な情報が説明の中で出てこなければ、トレーナーはオープンクエスチョンで質問します。

トレーニーは、まだ人に教えるというレベルにあるわけではありません。自分の頭の中を整理してわかりやすく言葉にすることができれば、早い段階で知識が定着します。ただインプットだけよりは、アウトプットすることにより、学んだことを忘れる、覚えていないという状況は断然防げます。これで、トレーニング効果がさらに高まるのです。

「また明日頑張ろう」と思える仕事のクロージングを

◎「でも、だけど」などの否定語はNG

「稼ぐスタッフ」を育成するスキルの二つ目は、トレーニーのやる気を引き出すスキルです。

トレーニング中、トレーニーがミスをしたときには、トレーナーはミスを指摘しなければなりません。ミスをわかってもらわなければ、次回も同じ過ちを繰り返してしまうからです。

あなたがトレーナーだったら、どのような言い方でフィードバックするでしょうか。

「お会計の手順はできていたね。でも、笑顔がなかったよ」

「お会計の手順はできていたね。次は、笑顔があるともっといいね」

トレーニーだったら、この二つを聞いて、どちらのほうが素直に受け入れられるでしょうか。

できていないことをそのままネガティブに表現するのではなく、二つ目のように、前向きで具体的な行動をアドバイスしたほうが、トレーニーは「次、笑顔に気をつけてやってみよう」と思います。トレーナーは、顔の表情、言葉、声のトーンなどにも気をつけて、ポジティブに、具体的にフィードバックしたほうがいいのです。

実は、気がつかないうちに使ってしまうのが、ほめた後の、「でも」や「だけど」です。これらの否定の接続詞があると、次に来るのは否定的な文章になります。ですから、「でも、だけど」という否定語を使わないことです。

「だめだめ、そんなふうにやらない」「何度言ったらわかるの」「違う、違う」

スパルタトレーニングであれば、こんな言葉が出てきてしまうでしょう。「お前はだめだ」と直接言われなくても、自分の言動を否定されると、「自分はだめだ」という意識を持ってしまいます。このような否定的な言葉は、フィードバックでは使わないのです。

トレーニングに熱が入ってくると、無意識に否定語を使う、先のような状況にもなりがちです。こんなとき、店長が、トレーナーのフィードバックをよく観察して、本人に気づきを与えます。

仕事ぶりの評価を伝える「フィードバック」の極意は、否定語は使わずに、トレーニーに「よいところをほめる」、その後に、「改善点を指摘する」という順番で伝えることです。「あなたのいいところは……、もっとよくなるためには……」と、先によいことを伝えておくと、トレーニーにその印象が心に残って、改善点を指摘されてもネガティブにとらえずにすみます。このように、伝える順番も肝心なのです。

◎仕事のクロージング80対20の原則

私は、トレーナーにいつも確認していたことがあります。トレーニングのゴールは何か、トレーニーが勤務を終えたときに、どんな感想を持って帰っていくのがベストか、ということです。

トレーナーは、トレーニングが終わると、トレーニーに今日の理解度、達成度など、仕事ぶりの総評をフィードバックします。トレーニーがそのフィードバックを受けてどのように感じるかを、トレーナーは意図して、トレーニングをしてほしいのです。

つまり、トレーニーが、トレーナーからのフィードバックを受けて、自分の仕事ぶりを振り返ったとき、今日の仕事ぶりは合格点を取れたと達成感を感じられるかどうかです。80点のできであれば、多くの人が「できた、合格だ」と感じます。１００点を取るには、あと20点、今日指摘された改善点を次回チャレンジしようと奮起するように励ますのです。

これが、トレーニーのやる気を引き出すスキル、「仕事のクロージング80対20の原則」で、私がトレーニングの経験から生み出した原則です。

この80対20の原則になるようにするには、トレーニングのペースを速めたり、遅くしたりと、トレーナーの工夫が必要です。トレーニーの理解度、スキルの習得度をよく観察しながら、80対20の原則でトレーニーの達成感を保つ必要があるのです。

時間がないからといって、トレーニングをどんどん進めていってしまうのはいけません。トレーニーのレベルを考慮せずに、難しいことを求めたりすると、トレーニーがついてこられずに、嫌になってしまいます。また、それとは逆に、簡単なことばかりだと飽きてしまい、自分の成長のためにならないと思ってしまいます。トレーニングにおいて、トレーナーは、トレーニー全員に同じ問題を出すのではなく、また、１００点、50点を取るような問題を出してはいけないのです。

トレーニングの目的は、トレーニーが自分自身の成長を感じ、また明日も頑張ろうと意欲を持つことです。そうすれば、トレーニーはこの仕事が楽しい、頑張ればできる、と自分自身の成長を感じ、今後の成長も期待できそうだと思います。トレーニーに、「自分の成長の伸びしろ」を常に感じてもらえるように、トレーナーは「仕事のクロージング80対20の原則」を活用してトレーニングをしていただきたいと思います。

パワハラを恐れるな、スタッフをポジティブにきちんと叱ろう

◎感情的に「叱る」のではなく、落ち着いて「諭す」

「稼ぐスタッフ」を育成するスキルの三つ目が、叱るスキルです。

あなたは、どんなことでスタッフを叱るでしょうか。また、上手にスタッフを叱って

いますか。

スタッフがやるべき行動を起こさず怠けてしまったために、または故意に会社や店に損害を与えてしまった場合や、スタッフのミスでお客様に謝罪をしなければならなくなった場合であるかもしれません。そんなときは、きちんとスタッフを叱る必要があります。私は、できるのにやらない、諦める、仲間を裏切る、時間を守らない、道理に反することをする、そういうときにも、スタッフを叱ってきました。

ときに、上司が感情的になってしまうこともあります。これは怒っているということです。「怒る」と「叱る」は違います。感情的になることは、一番よくありません。冷静な判断ができずに、相手に不要な発言をしてしまう可能性があります。信頼を築くのは時間がかかりますが、信頼を失うのは一瞬です。

また、感情的に怒ったり、執拗に、特定の個人を集中して指導することは、一種の職場のいじめである、パワーハラスメント（パワハラ）だと、今ではみなされてしまう恐れがあります。

私は以前、目標が達成しなかったために、上司に叱られたことがあります。「なぜできないのか」「なぜやらないのか」を延々と電話で詰問されました。私が答えると、さらに、「それがなぜできないのか」とまくし立てるのです。目標達成できなかったのは、私の責任です。最後には、言い訳しか出てきませんでした。この上司は怒っていて、「どうしたらできるのか」という解決策を一緒に考えていくという意識がないと、私は感じました。そのときの私の上司の叱り方は、私にとってマイナスの印象しか残らなかったのです。

このように、私自身が叱り、叱られた経験から、スタッフを「叱る」というのは、「諭す」という意味合いのほうが適していると私は考えます。やる気がないのは論外ですが、そのスタッフが反省し、指導しだいで改善の余地があるようであれば、なぜそういう重大なミスを発生させてしまったのかを内省するように、落ち着いて指導するほうが効果的だからです。上司は、冷静に、解決策を一緒に考える、解決策のヒントを与えたほうが、部下は聞く耳を持ちます。

あなたが上司として、感情的に叱ってしまいそうなときは、まずは深呼吸をして、何を話すのか一度整理しましょう。そして、そのスタッフのためになるように、今後の糧になるように叱ります。上手に叱れば、お互いの絆が深まり、人間関係がよくなるのです。

◎スタッフを成長させたいと本気で願って、叱っているか

私は、入社した一店舗目で一緒に働いていた先輩社員にずいぶんしごかれ、毎日のよ

うに叱られていました。その先輩社員は、私を一人前のマネージャーにするために一所懸命にトレーニングしてくれているのはわかっていました。昔のスパルタトレーニングですから、私ができないと、「バカ」「死ね」「お前なんか辞めちまえ」という酷い言葉を浴びせてきます。

先輩社員は、私のために言ってくれているのかもしれません。パワハラという言葉がなかった時代でしたが、私は本当に辛い思いをしていたのは事実です。

私自身も、マネージャーになったばかりの頃、スタッフの育成に一所懸命になり、叱ってばかりいました。さすがに、酷い言葉は使いませんでしたが、相当熱が入った指導をしていました。自分の就業時間など気にもせず、最後までスタッフに付き合っていました。スタッフができるようになったときには、自分のことのように喜び、一緒に笑って泣いて、働く仲間として絆が深まっていくのを実感できたのです。

新店をオープンしたばかりの頃、店長代理を期待していたスタッフが一日も早く昇格するように、私は連日トレーニングをしていました。しかし、信頼関係ができる前に、私のトレーニングのやり方が合わないと、そのスタッフは辞めてしまったのです。スタッフのためによかれと思い、叱ってもいました。

しかし、トレーニングに、「叱る」は必要なかったのです。それ以降、私のトレーニングの仕方、スタッフへのコミュニケーションの取り方、叱り方までもが変わりました。
スタッフとは信頼を築くのであって、嫌われる必要はないのです。

叱るというのは、難しいものです。道理に反した言動をしたときにはスタッフを叱るべきです。しかし、相手には人格があり、意思があるので、叱られている相手の想いと、叱ってでも相手を成長させたいというあなたの強い想いが合致していることが必要です。そうでなければ、相手にはただの感情のはけ口と受け取られ、お互いの関係は悪化してしまいます。

スタッフに対して叱るときには、「厳しいことを言うけれど、絶対に最後まで付き合う」というお互いの信頼関係が必要です。自分の子どもを叱るように、愛情を込めなければ、相手にはわかってもらうことはできません。叱っても大好きだし、大好きだから叱るのです。スタッフを成長させたいと本気で願い、スタッフを大切だと思っていれば、叱る言葉にもそれが現われてくるものです。叱る必要があるときには、パワハラを恐れなくてもいい。部下が自分のために叱ってくれていると思えるように、きちんと、ポジティブに、スタッフを叱ればいいのです。

5章

「稼ぐスタッフ」は自分で考えて行動する

「パート・アルバイトだから」と決めつけていないか

◎主婦パート、学生アルバイトが「稼ぐスタッフ」になる

「パート・アルバイトはすぐ辞めちゃうでしょ、たいへんだよね」と友人から言われたことがあります。そうでもあり、そうでもないというのが、約17年間飲食業で働いた私の答えです。

たしかに、正社員と比べると、パート・アルバイトは仕事を辞めるハードルは低いと思います。生活費を主に稼いでいる正社員は、辞めると死活問題です。今よりもよい職場に再就職できる保障はありません。しかし、正社員であっても辞めるときは辞めます。

パート・アルバイトが働く理由は、お小遣い、生活費の足しにという理由が多く、比較的短時間で働きます。職場環境が悪く、スタッフとの関係が合わなかったり、実際の作業に比べて待遇が悪かったりすると、よりよい職場を求めて、簡単に辞めていく人もいます。

逆に言うと、職場環境がよくて、スタッフ同士の仲がよく、待遇にも満足していると、辞めません。パート・アルバイトで働くスタッフは、自分の生活圏内、もしくは生活圏

に近い場所で職場を探すことが多くあります。辞めた後も他のスタッフと顔を合わせたりすることもあり、きちんとした辞め方をしないと、後々自分が気まずい思いをしてしまうことがあるからです。ですから、相当なことがない限り、すぐ辞めるということはあまりないのです。

では、パート・アルバイトは、仕事の遂行能力が低いのでしょうか。この答えは、ノーです。パート・アルバイトだから能力がないということはありません。同じ仕事をしたときに、正社員とパート・アルバイトで差が出てくるのは、個人の能力や経験の差であり、パート・アルバイトという雇用形態を理由とした差ではないのです。

これは、店長が仕事を任せていないこと、スタッフ自身がパート・アルバイトだからと自分の能力にブレーキをかけていることが大きいのです。自分の役割はここまでだから、全力を出さないということです。

中には、長年勤務してくれるベテランのスタッフがいます。なかには十年超勤務してくれる主婦パートの方もいます。地元密着でお客様からの信頼も厚く、店にとって、いなくてはならないスタッフです。ベテランのスタッフは仕事の経験が豊富で、入社数年の若手正社員もたじたじのリーダーシップを発揮してくれます。

学生のアルバイトは、学生である2、3年間という期間で勤務しますが、その間十分に能力やリーダーシップを発揮します。また、正社員候補ともなる人材です。

彼らは、1日の勤務時間が少ないという点で、成長のスピードは遅いかもしれませんが、着実に仕事をやり遂げます。働きやすい職場で、仕事の待遇に満足していれば、「稼ぐスタッフ」になってくれるのです。

◎「自分で考えて行動すること」を求めよう

マニュアルを使ってトレーニングすれば、スタッフは一定の仕事はできるようになります。それ以上に成長するかどうかは、スタッフ自身が仕事の中でやるべきことに気づいて、自分から行動するかどうかです。店長は、スタッフに自分で考えて行動することを、最初から求めていかなければなりません。

「稼ぐスタッフ」を育成するには、スタッフの持っているスキルを最大限活かすことが必要です。パート・アルバイトのスタッフは、これまでにいろいろな経験をしてきています。社会人経験のある主婦（夫）の方や、学生生活、部活動でリーダーシップをとってきた学生もいます。それぞれが得意なことを持っていて、そのスキルを仕事でも活用してもらうのです。

情報量、経験が少ないために、仕事での解決するための選択肢が少なくて、やり方がわからないということはあります。そのようなときに、自分で考えて行動するには、どんな判断をして行動すればよいのか、判断基準をあらかじめ示しておくと、スタッフは動きやすいものです。その基準がないと、自分でどう判断していいのかわかりません。

また、そのスタッフが持っている自分の判断基準で勝手に行動してしまって、店長が期待する結果とならないこともあります。ですから、その判断基準を基に、自分で考えて行動してもらうのです。

店長が判断基準を示さずに、「あれをやれ」、「これをやれ」と行動だけを指示していると、「指示待ちスタッフ」が育成されます。自分で今何をすればよいのか考えずに、言われた仕事だけをこなすのです。そのようなスタッフは、店長が指示をしないときには、仕事ができません。新人スタッフはそれでもいいのですが、経験を積んだスタッフには、よけいな指示です。これは、店長がリーダーシップの使い分けがまったくできていないということです。経験を積んだ、自立できるスタッフには、店長が参加型やエンパワーメント型のリーダーシップスタイルを使っていかないと、いつまでたっても指示待ちスタッフのままでいるか、スタッフが仕事を任せてもらえないと思って、やる気を失ってしまいます。

「稼ぐスタッフ」は、共通の判断基準に基づいて、自分で考えて行動します。問題が発生したときに、自分で答えを導き出して行動することができるようになると、仕事にやりがいを感じ、ますます活躍してくれます。パート・アルバイトだからというだけの理由で、すぐ辞める、能力がないと決めつけてはいけません。能力が低いわけではなく、経験が足りないだけです。仕事を任せない、能力を引き出さないというのはもったいないことなのです。

ここぞというときの「教えないトレーニング」

◎サービスの勘所、気づきを与えよう

「稼ぐスタッフ」になってもらうためには、スタッフが自分で考えて行動するようにならなくてはなりません。いちいち指示をしないと動かない「指示待ちスタッフ」では、店のQSCを高めたり、顧客満足度を向上させることなどできないからです。では、どのように、自分で考えて行動するように、トレーニングできるでしょうか。

カウンターで接客をしているスタッフは、すぐに接客できるように基本的に持ち場を離れないように言われています。そこに、大きな荷物を持ったお客様が来店されたらど

うでしょう。または、杖をついて歩くお客様、ベビーカーを押すお客様、いろいろな方が店を利用してくださいます。このようなお客様にとって、手動で開閉するドアを開けたり、階段を上り下りすることはどうでしょうか。店内で食事をされる場合、商品の乗ったトレーを渡すことはできるでしょうか。

そんなとき、私はカウンターのスタッフに、「あの荷物重そうだね」「ベビーカーを持って階段を上がるのはたいへんそう」と、小声で問いかけてみるのです。

そうすると、スタッフは、「トレーを持って差し上げていいですか」とか、「少しカウンターを離れてもいいですか」とたずねてきます。次のお客様には、他のスタッフが対応するなど、臨機応変に対応すればよいのです。

店長が直接的な表現で「トレーを客席まで持って行ってください」と指示し、やるべき仕事を教えてしまうこともできます。店長自らがトレーを持って行ったりすることもできます。しかし、それではその場限りの対応になり、スタッフのためにはなりません。直接の指示では、スタッフは、お客様の声に出さない要望に気づくことができないままなのです。

お客様のお手伝いをしたとき、スタッフはお客様から直接「ありがとう」という言葉をいただきます。サービス業に従事しているスタッフにとって、お客様からの「ありがとう」というお礼の言葉は、他には変えられない喜びです。お客様に喜んでもらえてよかったという思いをスタッフにも体感してもらいたい。ホスピタリティ、サービスについて、スタッフに気づきを与え、自分で行動してもらうことが大切です。その気づきを与えることこそ、ここぞというときの「教えないトレーニング」なのです。

◎物事の基本的な見方を教えておく

自分で考えて行動する「稼ぐスタッフ」を育成するためには、物事の基本的な見方を教えておく必要があります。物事の基本的な見方は、お客様からの目線、直線、上下左右の三つを組み合わせます。

まず、お客様からの目線です。ＰＯＰは見栄えがよいか、お客様の立つ位置で確認します。レジの料金表示ディスプレーは、埃を寄せ付けてすぐ汚れ、スタッフが立っている場所から見えず気づきにくいものです。客席にも座って、お客様からの目線を確認してみると、立ったままでは気づかなかったところに埃やごみがあります。テーブルの上表面だけではなく、縁の部分にも汚れがついています。

次に、直線からの目線です。マクドナルドの厨房では、ひとつの作業のはじまりの地点と終わりの地点を直線で結んだラインになるように設計してあります。あっちこっち動かなければ、ひとつの料理ができないというのでは非効率的です。動作の最短距離は直線。直線的な導線は、無駄がありません。バンズをトースターで焼成するポジションでは、体もせいぜい直角くらいしか向きを変えず、一歩も動かなくてもいいように手の届く範囲に資材を置いておくように徹底しています。

最後に上下左右からの目線です。とくに、衛生面、クレンリネス（清掃）では、いろいろな角度から物を見るようにします。自分が立ったままからの目線だけではなく、脚立に乗って上から、しゃがんで下から、場所を移動して左右からです。上から見ると埃があったり、下から見るとソースのはねがあったりします。カウンターの下には、ごみや資材が落ちていることもあります。

この見方の対象は、物質的な物だけではありません。スタッフの働きぶりを観察するときなどでも役に立つ見方です。お客様から見たスタッフの印象はどうか、直線的な導線を考えてスピーディに手際よく作業ができているか、商品の状態を上下左右、あらゆる面から確認して完璧な状態か、などです。

忙しいとき、スピーディに作業をしようとすれば、直線の動きになりがちです。店長や、店長代理のスウィングマネージャーは、自分の立ったままの目線からだけではなく、上から、下から、左右から、いろいろ方向を変えて確認することです。ひとつの方向から見ると、気づかなかったことも、目線を変えてみると盲点が見つかります。これが、作業を確認する際のチェックポイントであり、気づきのヒントなのです。この物事の基本的な見方をスタッフに教えておくことも、ここぞというときの「教えないトレーニング」です。

スタッフ自らが売上げ、利益を考えた行動をさせるコツ

◎経営者的発想を持ってもらおう

パート・アルバイトに経営者的発想を持ってもらうなんて無理だ、と思うかもしれません。彼らが、店長とまったく同レベルである必要はありません。店長が売上げ、利益について話したときに理解できる知識を持ち合わせていて、店の課題を理解して、一緒に改善策を遂行していってもらうのです。

そのために、日頃から店長は、店の売上げ、利益について、パート・アルバイトのスタッフと話をして、どんどん彼らを巻き込んでいきましょう。

マクドナルドでは、30分ごとに目標売上げの数値を伝え、在庫のストック量を指示し

ます。30分ごとにセールスレポートで出てくるので、実際の売上げがどうだったのかを伝えて、サンドイッチの販売個数、製造の平均タイム、客数、お客様対応の時間など、スタッフのオペレーションがどうだったのを客観的な数値を基に、よかった点、改善点を話します。期間を定めて集中的に取り組んでいる課題については、必ず取り上げます。たとえば、厨房はサンドイッチの製造の平均タイム、接客カウンターはお客様対応の時間、サービスタイムです。

もちろん、売上げ、利益を考えた行動ができるだけでは、経営者的発想として、十分ではありません。お客様に最高のQSCを提供して、店のファンになっていただき、再来店していただくように店の運営をしていくことも大切だからです。商売をして、適正な利益をいただき、お客様に商品、サービスを提供し続けられることに感謝することも、店長がスタッフに求めていってほしいことです。

スタッフが経営者的発想を発揮するには、店の状況に合わせて、自分で考えて行動する機会がなければなりません。調整する権限を与えられていることです。そのために、必要な情報を伝えて、判断基準を伝えておけばいいのです。店長が店にいない時間帯でも、「稼ぐスタッフ」が責任を持って店舗運営をしてくれます。

どの仕事を優先させるべきか、優先順位の基準を伝えておこう

◎店での優先順位のつけ方

店を営業していると、さまざまな問題が起こります。雨で客席の床、階段が濡れている、資材の予備がなくなっている、クレーム処理でお客様に対応しなければならない、スタッフが欠勤した、機械が故障した、店の外でごみが散乱しているなど。一人で対処するには、問題が多過ぎます。店長が不在のときもあり、スタッフにも店長と同じレベルでこれらの問題を対処してもらわなければなりません。

「稼ぐスタッフ」は、自分で考えて行動しなくてはなりません。そのためには、さまざまな問題を解決するために、優先順位をつける必要があります。

優先順位　一、お客様の安全（食の安全含む）に関すること
二、お客様に提供する商品のQSCに関すること
三、店舗の機能、外観に関すること

先に挙げた問題の中には、自分しかできないこと、自分以外のスタッフができることがあります。優先順位をつけつつ、スタッフに権限委譲をして、いち早く問題解決しなければなりません。スタッフで手分けして問題解決にあたるのです。

最初は、スタッフに問題解決の方法を指示したり、きちんと対処できているかフォローしたりするより、自分でやってしまったほうが楽だと考えがちです。しかし、任せたほうが、スタッフも成長するし、店長のマネジメント力も向上します。

この優先順位は、スタッフが自分で考えて行動するための判断基準です。問題が起こることを想定して、事前にトレーニングをしておきましょう。スタッフが、問題が発生したときにあわてずに対処できるように、店長が対策しておくことも大切なのです。

◎仕事の優先順位のつけ方

店での優先順位のつけ方とは別に、自分の仕事の優先順位のつけ方もあります。仕事をはじめる前に、その日にやるべきことを、すべてＴｏＤｏリストに書き出します。そして、書き出した項目に、次のように優先順位をつけます。

優先順位　A、すぐにやらなければならない（絶対）
B、数時間後でもよい（重要）
C、できたら今日やりたいが、他の日でもよい（選択可能）

だいたい、優先順位のA、Bはその日のうちに何とかやり遂げようとします。しかし、優先順位Cは他の日でもいいのであれば、私は後回しにしていました。

注意しなければならないのは、ＴｏＤｏリストに自分の勉強やスキルアップを入れていても、優先順位Cで後回しにしてしまうことも多いことです。

結局、優先順位Aの、緊急度が高い事柄ばかりに忙殺されて、１日が終わってしまいます。

仕事は、緊急度が増してから、あわてて仕事をすることにならないように、前倒しで対策してしまうのです。クレームや事故にならないように事前に予防に力を入れます。仕事が後手に回らないように、意識的に取り組めば、緊急度の高い事柄に時間を取られなくてすみます。一番優先順位が高く、取りかからなければならない項目を放置しておいてはいけません。いつまでたっても、自分のためのスキルアップに取りかかれなければ、自分の成長はないからです。

STAFF

お客様からの感謝の言葉、クレームについて自然と話し合う雰囲気をつくろう

◎「お客様は神様」ではない

「お客様は神様」という言葉があります。私たちサービス業に従事している者にとって、あたかもお客様を神様のように崇めることが求められているようです。もちろん、「お客様商売」をしていると、お客様のためを考えて、いろいろとサービスします。ときに自分たちの耳が痛いようなお叱りの言葉を、お客様の要望として真摯に受け止めなければならなくなるのかもしれません。

私は、これまでお客様からのご意見をいろいろいただきました。ある女性のお客様からこんなクレームの電話を受けたことがあります。ハンバーガーを注文したのに、10分経ってもでき上がってこないことが二度もあったというのです。クレームの原因は店側の不手際です。店長の私が謝罪しても、改善策をお約束しても、まったく聞き入れてくれません。そして、直接お客様のもとへ謝罪に伺い、今回のお代はお返しする旨を伝えても、家にはいないから、来てもらっては困ると言います。すでに1時間以上電話で話

していますが、お客様はただただ同じことを繰り返してクレームを言うばかりで、いっこうに解決に向かわないのです。

「お客様は神様」ではありません。「お客様は神様」という言葉を勘違いしている人が中にはいます。自分はお客様だから、お客様は神様だからと、いろいろ無理難題を言ってくる人もいます。何を言っても、何をやっても許されると思っているのです。一部のクレーマーは、自分の怒りなどの感情のはけ口として、お客という立場を利用して、自分を無碍に扱わないはずの店のスタッフに、過剰なクレームをぶつけてきます。

ある小売店で、女性客が店長とスタッフに土下座をさせたとネットをにぎわせたことがありました。まるで奴隷や、身分が下等な者に対する扱いです。店側の不手際であっても、土下座はやり過ぎです。

その他、鉄道職員に対する暴力も問題視されています。私も以前、男性客に胸ぐらをつかまれました。「お客様は神様」の意味を取り違えて、最近はクレームでの要求が異常なまでにエスカレートしているように思えます。

お客様は、ホスピタリティの定義にもあるように、「大切な人」です。サービス業に従事しているスタッフは、お客様のことを考えて、どのようなサービスをしたら喜んでいただけるか考えて、商売をしています。

私も、客の立場でクレームを言うことがありますが、その店をまた利用したい、改善してほしいと思うから言うのです。商品を購入したとき、スタッフはお客様に対して「ありがとうございました」と言いますが、客の立場である私も、よいサービスや対応を受けたときには、心を込めて「ありがとう」と言うようにしています。

お客様が商品やサービスを選ぶように、ときには店がお客様を選ぶこともあります。お客様と店やスタッフの関係は、相互の信頼関係で成り立っているからです。

◎お客様からの感謝の言葉、クレームも共有しておく

お客様からの感謝の言葉はうれしいものですから、スタッフ全員でおほめを受けたスタッフに「おめでとう」と言ってあげたいものです。

一方、クレームはなるべく触れたくないものですが、これもお客様からの感謝の言葉と同様に、スタッフ全員で共有しておく必要があります。よいことも悪いことも、包み隠さずスタッフに伝えておきましょう。お客様からのお礼の言葉、クレームも掲示板に一覧にしたり、ファイリングしたりします。

そうすると、休憩時間などに、スタッフ同士が「こんなことがあった」と話したり、クレームについて意見を言っていたり、日頃から自然と話が出るようになってきます。

自分たちで考えることが、クレーム再発防止には一番効果的なのです。

クレームに関しては、店長代理のスタッフに事前にトレーニングしておきます。比較的小さなクレームであっても、スタッフのクレーム対応ができていないと、その対応の悪さが二次クレームに発展してしまうからです。これまでの経験から、この二次クレームのほうが対処が難しいものです。お客様も最初のクレームについてはもうどうでもいいと言う場合もあり、そんなことよりあのスタッフをどうにかしろという話になるのです。

どんなに店が努力しても、スタッフをトレーニングしても、残念ながらクレームはなくなりません。少なくはなっても、絶対になくなることはありません。それは、お客様の感じ方もいろいろであり、ちょっとしたことでクレームとなることがあるからです。

子どものおもちゃの販売が予定よりも早く終了した、資材の供給が間に合わず、人気商品の販売がストップしたなど、スタッフとして、どうにもならないこともあります。

しかし、現場では、お客様に直接対応するスタッフが、お客様にお詫びをしなければならないのです。

クレームなど、起こってしまったことは仕方がありません。クレームをしっかり受け止めて、次の行動に結びつけます。同じことを繰り返さないように、次に起こらないようにするための対策です。日頃からお客様の感謝の言葉、クレームも話し合うスタッフであれば、一緒に対策を考えて、それを実行することができます。よいことも悪いことも、スタッフと一緒に経験していけばいいのです。

売るためのアイデアをスタッフ全員で出そう

◎スタッフを巻き込む

売るための施策は、本社からのトップダウンであることが多いかもしれません。販促チラシ、クーポンが店に納品されたり、店長や数人のマネージャーで決めてしまったりする場合もあるでしょう。

現場のスタッフにやらされている感覚があると、いざ活動するときにうまくいきません。スタッフにチラシ、クーポンを街頭で配るように言っても、通行人に配るタイミングも悪く、時間ばかりかかって効率が悪いことがあります。新商品をお客様にお勧めするように伝えても、自分がお勧めしたいと思っていなければ行動に移しません。

私には、スタッフ全員でセールス対策を考えて活動したことで、うまくいった経験があります。サンドイッチチェーンのプレタ・マンジェで、新宿の新店を任されたときのことです。出店した新しいビルは、まだ入居する会社が少なく、実際の売上げは予想売上げの三分の一程度しかありません。

この店のスタッフは、グランドオープン当初から一緒に働いていたので、どうしたらセールスが上がるかいつも一緒に案を考えてくれました。スタンプカードをつくって、15個お買い上げで1個デザートプレゼントという案、ビンゴ形式でいろいろなサンドイッチを試してもらうという案、デリバリーセールスを獲得するために、みんなで企業を訪問する案などが出ました。

しかし、販促ツールを作成するとしても、本社に相談しなければなりません。素人が考えた販促案の効果が上がるかどうかもわかりません。結局、販促ツールの作成にお金をかけずに、まずは、今あるツールでセールスを獲得しようということになりました。いろいろな案の中で、デリバリー活動に力を入れることにしたのです。

そのかいあって、デリバリーセールスは月商の7パーセントに達し、他の店舗の平均3パーセントを大きく上回る結果を出すことができました。スタッフがいろいろ考えてくれた案は実現しませんでしたが、スタッフそれぞれが店のことを考えて、チーム一丸となってセールスを獲得することができたのは、私にとって大きな収穫だったのです。

スタッフに売るためのいろいろなアイデアや意見を求めていく中で、施策を分担するなど、スタッフを巻き込んで活動してみましょう。意見を言って、それが取り入れられれば、もう傍観者でいることはできません。スタッフの力を借りれば、店長一人よりも行動力は数倍、結果を出すことができます。

何より、自分で考えて行動することができる「稼ぐスタッフ」を育成するには、スタッフを巻き込むことが一番の方法なのです。

◎スタッフ自身が楽しみながら売る

売上げは、客数×客単価という式で表わされます。簡単に言えば、売上げを上げるには、客数を増やすか、一人あたりの客単価を上げるしかありません。

売上げは一人ひとりのお客様に来店していただき、買っていただくことの積み重ねです。来店比率を高め、客単価を100円上げることは、簡単なことではありません。

ひとつの試みとして、私はカウンタースタッフと一緒に、家族連れのお客様にデザートのソフトクリームをお勧めすることにしました。客席を見回るついでに、ソフトクリームのPOPを見せながら、お声をかけます。注文があれば、100円を受け取り、ソフトクリームとレシートを持ってお客様の元にお渡しに行くのです。

お客様は、子どももいるし、混んでいるカウンターにまた並ぶのは面倒です。お客様が利便性を感じて、よいサービスを受けたと思っていただければ、スタッフに「ありがとう」と言ってくださいます。スタッフも、お客様との対話を楽しみながら売ることができるのです。

ファーストフード店で、商品をつくるのに5分ほどかかると言うと、「5分も待つのか」と思うお客様もいらっしゃいます。すぐ買ってすぐ食べたい、というニーズがお客様にあるからです。私も短時間で食事をすませて、次の場所に行きたいときには、5分も待つことはできません。しかし、少し時間があるときは、5分は気にならない時間です。

もちろん、お客様が求める商品を食べていただきたいですから、お客様にメリットがあるように伝えられるか、がスタッフのコミュニケーションスキルにかかってきます。

たとえば、「商品をつくるのに5分かかりますが、よろしいでしょうか」とそのまま言うこともできますが、ここにお客様のメリットはありません。「新しく商品をおつくりいたしますので、5分ほどお席でお待ちいただけますでしょうか」と言ったほうが、「作りたて」を「届けてくれる」ということが明確になり、たとえ5分待ったとしても、それが気にならないのです。

お客様が求めるものを、お客様と売る側の双方にメリットがある状態で提供することが「売る」ということです。商売はお客様のためにあります。商売の何が楽しいのかというと、売ることがお客様のお役に立っているということだからです。売ること自体を私たちスタッフも楽しみながら、お客様から「ありがとう」と感謝の言葉をいただくことが一番の喜びであり、それが仕事を続ける原動力になるのです。

「稼ぐ店長」「稼ぐスタッフ」は1秒にこだわる

◎1秒をゲームにする

あなたは、1秒にこだわって毎日生活していますか。そんな、せかせかした生活は嫌ですね。しかし、「稼ぐ店長」「稼ぐスタッフ」はいつも1秒にこだわって仕事をしています。ストップウォッチを片手に、または30分間ごとに印字されるレポートで、ハンバーガーを平均何秒でつくれたのか、一人のお客様を何秒で接客できたのかを確認するのです。

私は、この秒単位での作業の効率化を求めるために、スタッフと、1秒をゲームにしていました。マクドナルドのハンバーガーの製造に関しては、注文が入ってからバンズを投入するまでの秒数、バンズがトーストされる秒数、トーストされたバンズにケチャンプ、マスタードなどの調味料、具材を乗せて、完成させるまでの秒数の目安が決められています。

その目安の時間内に、何秒でオペレーションできたのかをトラッキングしておいて、スタッフのオペレーション能力の向上に役立てます。

「あなたの記録は30秒だから29秒を目指そう」「この動作はやめると速くなるよ」「この合間の時間に準備しておこう」という具合です。

なぜ、1秒にこだわるのかというと、たった1秒の遅れが、他のスタッフの動作にまで影響して、お客様に商品をお渡しするのが10秒、20秒と遅くなってしまうからです。

私は、短時間勤務制度を利用して店舗勤務していたため、仕事を短時間で効率よくこなすために、とにかく時間を気にしていました。毎月行なう作業は、実際にかかった時間を記録しておき、次には1分でも短い時間でできるように目標を立てていました。翌月の予算づくりは、店で営業しながらパートの主婦たちに来月どんな地域イベント、学校行事があるのか聞いておきます。出勤途中に町内掲示板のイベント告知を確認し、地元のお客様にも聞きました。あとは、前年の売上げ状況を確認する時間、パソコンに入力する時間を見積もっておけばいいのです。

たかが1秒、されど1秒です。その1秒へのこだわりが、作業の無駄を見つけ出し、効率を考えるようになり、今後の仕事に役立ってきます。作業後、効率がよかったこと、効率が悪かったことを毎回検証し、1秒にこだわって作業をするという考え方を常に意識するのです。

そして、それをゲームにしてスタッフで楽しみながら競い合えば、作業の短時間化にもつながります。店長が1秒にこだわると、それは「稼ぐスタッフ」へ伝播していきます。まずは、店長が1秒にこだわってみましょう。

◎行列をつくる店と行列をつくらない店

あなたは、街の中の知らない店で、行列になっている店と、行列になっていない店があったら、どちらの店に行きたくなるでしょうか。行列になっている店は、「評判になっている店なのだろうか」と勝手に思い、気になって並びたくなる人もいるのではないでしょうか。

過去に行ったことのある店であれば、その店を知っているので、行列になっていなくても利用します。自分の中で、その店の商品、サービスが高評価であれば、むしろ、「行列になっていなくてよかった、待たずにすむ」という気持ちになります。

マクドナルドでは、先に述べたように、1秒にこだわって、お客様を並ばせない、行列をつくらないことが大切でした。なぜなら、お客様の多くはマクドナルドを経験しているからです。マクドナルドで行列になっていると、お客様は来店するのを止めてしまうため、いかにお客様をお待たせしないかが課題です。必要に応じて、店のキャパシティを上げ、いかにクイックサービスを提供できるかに腐心していたわけです。

一方、デパ地下や、飲食店などは行列をつくったほうがいい場合があります。私が勤務した、サンドイッチチェーン、プレタ・マンジェもその一例です。最初は、マクドナルドが手がける新業態として、サンドイッチチェーンができたとニュースにもなりましたが、それも最初だけ。まだまだ毎日利用してもらえるほどの認知度もありません。

認知度の低いプレタ・マンジェで、店長の私は、常にお客様が店内にいる状態にして、出来る限り行列をつくることにしました。試食する機会を設けたり、バリスタがお客様のコーヒーの好みを聞いて本格的なラテをつくったりしました。スタッフがお客様とよいコミュニケーションをするようになると、1分、1秒多くかかったとしても、問題になるどころか、ファンになっていただくことにもつながったのです。

このように、戦略的に行列をつくる店と、行列をつくらない店があります。スタッフが無駄に時間をかけて、お客様をお待たせすることはできません。お客様がメニュー、商品を決める時間を急かすこともできません。スタッフの一つひとつの作業がテキパキとしていて、丁寧なオペレーションであれば、お客様は気持ちよく見てくださいます。そして、つくり置きではなく、お客様のためにできたての商品をおつくりするのに必要な時間であれば、行列に並んででも、待ってでも食べたかったと思っていただけるのです。

6章

「稼ぐスタッフ」の仲間意識を高めよう

スタッフをチーム分けして仲間意識を高めよう

◎QSCの三つの担当とタイトルでチーム分け

マクドナルドでは、店のスタッフをQSCと役職を基にチーム分けしています。それがひと目でわかるのが、スタッフルームに掲示しているチーム分けの表、スタッフィングボードです。

表の横軸には、QSCでクオリティ、サービス、クレンリネスの三つのチームに、縦軸には、役職でスウィングマネージャー（店長代理）、トレーナー、スター（お客様係）、クルーの四つのチームに分けます。そして、名前を付したスタッフの写真をマグネットでボードに張りつけておき、自分がどのチームに所属しているかわかるようにしておきます。

縦軸は先輩、後輩の縦の関係で、チームの一番上のタイトル、店長代理のスウィングマネージャーがチームのリーダーです。同じチーム内で、トレーナー、スターはクルーのトレーニングを主に担当し、スウィングマネージャーはクルーの仕事の評価をして、クルー育成の責任者となります。スウィングマネージャー、トレーナー、スターは、自分自身の目標の中に、自分のチームのクルー育成があるので、よく指導してくれます。横軸は同じ役職で、ライバルでもあるスタッフが並ぶ、横の関係です。スウィングマネージャー、スター、トレーナーがそれぞれのタイトルごとに、店のQSCの目標を細分化した課題を協力して改善します。店全体のQSCの状況を話し合い、目標達成のためにアクションプランを一部担当しているのです。

スタッフィングボードで明確にした縦と横の関係により、スタッフが店での自分の役割、他のスタッフの仕事ぶりを意識するようになります。スタッフはスタッフィングボードを注目して見ているので、他のスタッフがタイトルアップし、ボードに張り付けてあるスタッフの写真の位置が移動しているとすぐに気づきます。

スタッフ同士は仲よく働きたいという気持ちが基本にあるので、ギスギスした関係ではありませんが、ライバル心を持っています。他のスタッフがタイトルアップすると、「私もタイトルアップしたい」と奮起するのです。その結果、お互いに切磋琢磨して、店にもよい影響を出してくれる「稼ぐスタッフ」が育成されるという結果につながります。

スタッフ同士がトレーニングや評価をすると、より深く関わることになるので、ともに成長し、助け合うチームができます。チーム分けするのは、店の課題やスタッフの育成を担当するということだけではなく、仲間意識を強めるという意味もあるのです。

◎人間関係を把握するキーパーソンを押さえよう

私が店長として勤務していた店で、あるスタッフが、ミートパティが本来は1枚のところ、2、3枚入れたハンバーガーを自分でつくって買っているという不正事件が起こりました。店長代理のスウィングマネージャーが、不正をしたスタッフを注意したことで発覚したのです。

不正をしたスタッフは夜間勤務していて、私はほとんど一緒に働くことはありませんでした。アルバイトだけの時間帯であり、スタッフの不正を教えてもらわなければ、私は気づかなかったかもしれません。

このスウィングマネージャーのように、店には要となるキーパーソンがいます。キーパーソンは、人間関係を把握していて、スタッフの面倒見がよく、みんなから頼りにされているリーダー格の人物です。そのキーパーソンに聞けば、誰と誰が付き合っているか、スタッフ同士の仲がいいか悪いか、スタッフが今どんなことで悩んでいるか、どんな活動をはじめたかなど、いろいろな情報を教えてくれます。

スタッフは仕事を辞めようか続けようかというような悩みも、キーパーソンに相談しています。スタッフが退職を決心する前に、キーパーソンから店長に報告してもらえるようにしたら、店長は何かしらの対策が打てるのです。

店長自身がキーパーソンの役割をはたすことができればいいのですが、残念ながら、1日8時間、週5日ほどの勤務では、24時間営業の店でスタッフ全員を把握することはできません。また、店長や正社員のアシスタントマネージャーは、アルバイトスタッフが直接相談できるほど近い関係ではないでしょう。スタッフが仕事を辞めたいと店長に言ってくるときには、ときすでに遅いのです。店長は最後に言う相手であり、最初ではないからです。

そんなときに助けとなるのが、このキーパーソンです。日頃からキーパーソンとスタッフに関する情報を共有しておき、問題が起こる前、問題が小さいうちに解決してしまえば、スタッフの退職や不正などの大きな問題にはなりません。キーパーソンは店のためを思って行動してくれていますから、店長が店をよくしたい、みんなの働きやすい環境をつくりたいと伝えていれば、店長に協力してくれます。キーパーソンとの信頼関係があれば、店長は店の運営がやりやすいのです。

「おたがいさま」は思いやりのチーム力

◎相手に悪意がないことを前提にする

スタッフから、勤務当日に急な欠勤の電話連絡があったとき、あなたはどうしますか。開口一番、「えーっ、急に休むと言われたって困るよ」と言っていませんか。スタッフがとても具合の悪そうな声で電話してきたなら信用できるけれど、いつもとあまり変わらない声の様子だったら、どうでしょうか。

実際には、具合の悪いスタッフに対して、出勤しろとは言えません。電話を受けたマネージャーが、代わりに勤務してくれるスタッフを手配することになります。

店がスタッフ不足の状態だとしたら、代わりに勤務してくれるスタッフを探すのも難しいでしょう。私の周りにも、欠勤を申し出たスタッフに「自分で代わりのスタッフを見つけて」と言っていたマネージャーがいました。しかし、これは体調の悪いスタッフには酷な話です。手当たりしだい、他のスタッフに電話やメールで連絡できるわけがありません。

私は17年間の勤務のうち、風邪をひいて1日だけ欠勤をしたことがあります。熱が39

度まで上がり、立って仕事ができるような容態ではありませんでした。体調管理ができず、シフトに穴を開けてしまって申し訳ないと思いながら、上司、部下に電話で連絡をして、私の代わりに店舗運営をお願いしたのです。

「今日はゆっくり休んでください」と言われたときには、目頭が熱くなりました。本当に、上司、部下、スタッフのみんなには感謝の言葉しかありませんでした。

仮病で休んでしまおう、という悪意のあるスタッフも、ごくまれにいるかもしれません。しかし、そんなスタッフかどうかは、店長ならばスタッフの日頃の勤務態度でわかるはずです。仕事にやりがいを持っているスタッフは休みたいと思うどころか、出勤する前でも、今日やるべきことを考えています。そして、自分が休んだら店はたいへんで、そう簡単に欠勤などできないこともスタッフはよく知っています。

店長、マネージャーは、相手に悪意がないことを前提にして、遅刻、欠勤などの理由を聞かなければなりません。スタッフを疑って信頼を失うより、スタッフの心配をして、「お大事に」と心から言いましょう。困ったときは「おたがいさま」の思いやりを持つことで、スタッフとの信頼関係を築くことができ、チーム力はより強固になるのです。

◎シフト作成は、まずはギブ、そしてテイク

私がシフト表を作成していたとき、常に心がけていたことが五つあります。

まずひとつ目は、スタッフ全員の働ける時間を事前にくわしく聞いておくことです。マネージャーが、シフトの希望や学校の時間割、放課後の活動、家族の用事など、個人的なことも理解してくれていると思うと、スタッフはシフトのことを相談しやすくなります。

二つ目は、毎週必ず全員のシフト希望を集めることです。パート・アルバイトのスタッフは、毎週日曜日までに2週後の1週間分のシフト希望を提出しますが、なかには、シフト希望を出し忘れているスタッフもいます。期限を守らないスタッフが悪いと言ったりせず、私は遅れてでもシフト希望を出してもらいました。期限を守ったスタッフを優先するのは当然ですが、希望は全部聞いてあげられなくても、全員に毎週出勤してほしいからです。

三つ目は、全員を公平に扱うことです。多くのスタッフが同じ時間帯に勤務希望を出しても、別の時間帯に振り替えて、時間数を調整しなければならないことがあります。

そんなときも、変更してもらう時間数を平均的にして、あまり不公平がないようにしていました。

四つ目は、早めにシフト表を決定することです。マクドナルドでは前週の木曜日までにシフト表を発表する約束ですが、私は前週の水曜日までにはスタッフに確認してもらえるようにしていました。スタッフは、自分の予定は早く決定したほうがうれしいからです。

五つ目は、融通をきかせることです。スタッフがシフト希望を出した後で、都合が悪くなって勤務できないと言ってくることがあります。そのときは、都合が悪くなった理由を聞いた上で、今後自分のスケジュール管理をしっかりすると約束して、シフト表から削除します。シフト作成の担当であれば、代わりに働いてくれるスタッフの目星は付いているものです。

一方で、欠勤などでスタッフが不足するときは、私が急な出勤をお願いしても、都合を付けて店に駆けつけてくれるスタッフもいました。また、余剰人員が発生して、人件費が予算よりもオーバーしてしまったときは、スタッフの勤務時間を短縮させてもらいました。もちろん、割引クーポンを街頭で配布するなどの販促活動をして売上アップを図ったり、予定していた作業を先行したりと、勤務時間の短縮をお願いしなくてもすむような努力をします。それでも余剰人員が出てしまうときに、スタッフに協力してもらっていたのです。

シフト作成の五つの心がけはギブ、スタッフが店のお願いを聞いてくれることはテイクです。これまでのギブの積み重ねがどれだけあるかによって、無理強いではなく、スタッフがテイクをしてくれるようになります。シフト作成の極意は、ギブ、ギブ、ギブ、ギブ、ギブ、ギブ、アンド、テイクです。この順番が大切で、まずはギブなのです。

「一緒に」は魔法の言葉

◎子育てから学んだ「一緒に」という魔法の言葉

同じ作業をするとしても、覚えの早いスタッフは、3回目である程度はできるようになるのに、あるスタッフは5回やっても半分もできないということがあります。

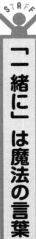

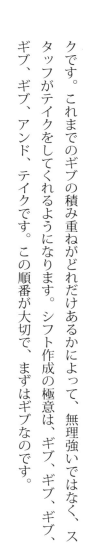

トレーニングにおいて、私は最後まで付き合う面倒見のいいマネージャーでしたが、なかなか成長しないスタッフに対してイライラしてしまうこともありました。スタッフを見て、「こんなことが、なぜできないのだろう」と思ってしまうのです。仕事に自信を持っていた若い頃には、自分が新人時代の、あのできの悪いダメな社員だったことなど、すっかり忘れてしまっていました。

私は、子育てのときにも同じようなことを経験しました。子どもがなかなか私の思うとおりに動かなかったり、時間がかかったりすると、私はイライラしてしまうのです。

母親である私が鬼の形相をしていると、子どもはそれを敏感に感じて、泣き出します。母親が怒って、声を荒げてはまったくの逆効果です。その後、私が気持ちを切り替えて、「ママと一緒にやろう」と優しく言うと、子どもの顔には、明るい笑顔が戻ります。

振り返ってみると、スタッフ育成においても、子育てにおいても、私は一番ダメなことをしていました。最初はできないのが当たり前という心構えでいれば、同じ目線で一緒に行動して、どこでつまずいたのかがわかるようになります。いつしか、私は子育てで口癖になっていた「一緒にやろう」という言葉をスタッフのトレーニングでも使うようになりました。育成の段階で、スタッフと一緒に歩んでいくことが大切だと再認識できたのです。

「私もよくここでつまずいたよ」「私もここが苦手で苦労したよ」と自分の苦労話も懐かしく話すこともできました。自分ができなかったところは、他の人もつまずきやすいところです。それを克服した方法もよいアドバイスになります。トレーナーは、「初心忘るべからず」を心に、自分ができなかったときのことを忘れないでいてほしいのです。

スタッフ育成と子育ては似ています。「なぜできないの」と、できないという結果を責めても仕方がありません。どこにつまずいているかに注目し、過程の部分に目を向けなければスタッフはできるようにはならないからです。また、責められたスタッフも自信をなくし、委縮してしまいます。スタッフを個人として尊重しつつ、上司であるあなたが、「一緒に働く、一緒に成長する、一緒に目標達成する」という姿勢でいることです。

私が子育てから学んだ「一緒に」は魔法の言葉です。口癖になるくらいに、いつも使ってみてください。そうすれば、魔法にかかったように、スタッフ育成においてうまくいくことが多くなっていくでしょう。

STAFF

不安を取り除くバックアップ体制をつくろう

◎悩みがあるとき、相談できる先輩スタッフがいるか

私は高校1年生のとき、自宅近くのファミリーレストランでアルバイトをはじめました。フロアー接客の基礎を教わりましたが、まだまだわからないことばかり。土日のピークの時間帯は他のスタッフも忙しそうで、声をかけられる状態ではありません。

私は、お客様からコーヒーのお替りを頼まれましたが、どうすればよいのかわからず、厨房で「コーヒーのお替りをお願いします」と大きな声で叫びました。すると、先輩ス

タッフが大笑いをしたのです。

私は笑われたことがとても恥ずかしく、忙しい時間帯に勤務する前に、もっと教えてもらえばよかったと思いました。その後も、私は店の雰囲気、先輩スタッフになじめず、店長のフォローもなく、結局入店1ヶ月で辞めました。

私自身が経験したように、新人スタッフが辞めるのは、入店して1ヶ月後が多いようです。最初の1ヶ月間は、新人スタッフが周りのスタッフや職場環境に早く慣れようと頑張り、これから先この店で働いていけるかを判断している期間です。もし、ミスしたときにフォローしてもらえなかったり、職場の雰囲気が合わなかったりすれば辞めていきます。

マクドナルドでは、新人スタッフの入店1ヶ月後に、店長やマネージャーがフォローアップオリエンテーションをします。他のスタッフの名前は覚えたか、よく話をするスタッフは誰か、できるようになった作業は何か、不安に思っていることはあるかなどを聞きます。うまく勤務がスタートできているかを確認するためです。

質問に明るく答えていれば、問題ありません。しかし、答えに詰まる、目を合わせない、暗い表情で話すなどはかなり危険です。このように、新人スタッフをフォローするタイミングを決めておくと、そのスタッフに注目して、ちょっとした変化も見逃さずにすみます。

もし、スタッフが寂しそうにしていたり、他のスタッフになじめずに浮いていていたりしたら、フォローアップオリエンテーションを待つ必要はありません。店長は、小さな変化に気づいたらそのままにしないで、話す機会を持ってください。

先輩スタッフのみんなが、大切な仲間を一人も脱落させないという気持ちを持っていれば、自然とフォローしてくれます。

◎自分が憧れる先輩、数年後に目指したい対象を探そう

今、メンター、メンティ制度が流行っています。この制度は、会社が人材育成の一環として、スタッフを支援する取り組みのことです。直接、上司部下の関係にはない先輩社員がメンターとなり、後輩社員であるメンティの仕事上の悩み、人間関係、キャリアなどについてアドバイスしてくれます。とくに女性社員は、自分の周りに適当なロールモデルがいない場合も多いでしょう。数年後のキャリアを考える上での悩みや不安を解消するために、このメンター、メンティ制度が役立っているようです。

私はメンティの立場で、人事部の男性先輩社員から仕事と育児の両立や今後のキャリアについて、さまざまなアドバイスをいただきました。この制度がなければ、恐らく知

り会うことはなかった方です。私のように、仕事と育児を両立しているワーキングマザーが子育て中、または子育てを終えた社員など、自分と同じような境遇を経験した先輩から話を聞けるというのは、後輩社員にはとても心強いと思います。

社員だけではなく、パート・アルバイトにも、自分のメンターとなるようなアドバイスをしてくれる人、数年後に目指したい対象、憧れる人は必要です。店では、メンター、メンティという言葉は使わなくても、制度がなくてもいいのです。自然に、スタッフの心の中でこの先輩が私のメンターと思うことができれば、それがメンター、メンティとなります。とくに、入店したばかりのスタッフは、同じ職場の先輩スタッフがどのように働いてきたのか、何を目標にして仕事をしていくのかなどを聞いてみたいと思っています。

店長は、スタッフ自身に目標とする先輩スタッフを意識させてみてください。スタッフは自分がある程度仕事ができるようになると、自分の現状に満足するようになり、成長がストップしてしまうかもしれません。

しかし、自分の将来目指したいと思える、自分が一目置くような先輩がいれば、「いつかあんな風になりたい」と向上心をかきたてる原動力のひとつになります。自分の現状と目標とする人の差が、「伸びしろ」ですから、スタッフはまだまだ成長していきます。

イベントは毎年盛大に

◎ＡＪＣＣ（アルバイトコンテスト）は自分のスキルを伸ばすチャンス

ＡＪＣＣとは、オールジャパンクルーコンテストの略で、マクドナルドの全国16万人のクルーが参加するオペレーションスキルコンテストのことです。シフトマネジメント（店の運営スキル）、フロアー、カウンター、ポテト、グリル、アッセンブル（ハンバーガーの製造）など、ポジションごとに審査します。毎年夏に開催され、店内戦、いくつかのエリア戦を勝ち抜いて全国大会でクルーの頂点を目指します。

店内戦は、マネージャーチームが審査用紙を片手にスタッフ全員を審査します。このＡＪＣＣを機に、モチベーションが向上するスタッフは多くいます。

私が店長を務めた店の、店長代理のスウィングマネージャー、Ｙ君はその一人です。私が初めて会ったときの彼は、髪は長くて、身だしなみも整っておらず、出勤はいつもぎりぎりでした。モチベーションも低かったのでしょう。眠い、だるいというネガティブな発言が多かったのです。

そんなＹ君を店内戦のシフトマネジメント審査をすると、私は彼のいいところを発見しました。彼はクルーに声をかけて効果的なフィードバックをしているのです。私は、このときばかりは、彼をほめまくりました。

「できの悪い子ほどかわいい」といいますが、私は彼を集中してトレーニングし、あえて話す機会を多く持ちました。照れ隠しでネガティブ発言してしまうという、彼の本当の姿を知りました。私は話をよく聞き、言うべきことは言うようにすると、彼の問題だった行動も改善され、とても頼りになる存在になったのです。

アルバイトの店長代理が審査員を務めるのも、よい経験です。審査内容はオペレーションの重要ポイントで、自分自身のスキルや知識を再確認できます。スタッフへの効果的なフィードバックも必要です。審査する側も、審査される側も、自分のスキルを伸ばすチャンスです。ぜひ、コンテストを大いに活かして、店を盛り上げていただきたいと思います。

◎スタッフは卒店式で送り出されることを楽しみにしている

マクドナルドでは、バーベキュー、旅行、忘年会、卒店式など、クルーPAM（パム）と呼ぶ懇親会があります。その中でも一番盛大なのは、毎年3月中旬から下旬に開催する卒店式です。卒店式とは、スタッフの卒業式のこと。会社でいう「定年」のように、在籍できる期間を勤め上げてくれたスタッフだけが、在籍するスタッフから卒店を祝ってもらえます。

卒店式の目標は、卒店者を泣かせる感動的な式にすることです。在籍するスタッフが中心となり、事前準備や当日の進行までを計画、実施してくれます。準備に時間はかかりますが、それも楽しみなのです。日頃から撮っておいた写真を持ち寄ってアルバムをつくったり、スタッフ全員に卒店者に対するメッセージを色紙に書いてもらったりします。

スタッフがこれほど自主的に活動するのは、「一緒に働いてきた仲間に感謝を伝え、きちんと送り出してあげたい」という気持ちがあるからです。一方、在籍するスタッフは、卒店式で送り出されるスタッフを見て、「自分が卒店するときもこんな風にみんなから卒店を祝ってもらいたい」と思います。

ですから、学生アルバイトのスタッフは卒業間際まで、働ける期間をきっちりと働いてくれます。卒店式で送り出されることをとても楽しみにしているので、自己都合で途中退職することが少ないのです。

チェーン店の正社員である店長、マネージャーは1年から2年で異動となり、各店舗を転々としますから、前年のクルーPAMのことは話で聞くだけということもあります。

代々、パート・アルバイトのスタッフがクルーPAMの実施を主導することで、スタッフの自主性を育み、連帯感が生まれ、世代間のよい連鎖をつくり出して、店の伝統になるのです。

スタッフは次のイベントをとても楽しみにしています。1年を通してクルーPAMを定期的に計画、実施することは、店の経営戦略のひとつで、重要なリテンション（人材確保するための施策）です。クルーPAMは、この店で働くことに満足感を感じて、モチベーションを上げるよい機会であり、スタッフの退職を防ぐことにもつながります。

スタッフの家族、友達にも店に愛着を持ってもらおう

◎お客様、スタッフの家族、友達にも一緒に働く仲間になってもらおう

スタッフの家族、友達にも店を気に入ってもらい、スタッフがこの店で働くことに理解を示してもらえると、それは強力なバックアップになります。スタッフは、自分の店について周りから聞こえる評判がよいと、この店で働くことに誇りを感じるからです。

学生時代にマクドナルドでアルバイトをして自分自身が成長できたという話や、学生

スタッフの親から「マクドナルドは教育がしっかりしていて、安心して子どもをアルバイトさせることができる」といううれしい評判をよく聞きます。

学生スタッフの親は、店によい印象を持っていると、「頑張って仕事をしなさい」と応援してくれます。ですから、とくに高校生のアルバイトの場合、夜遅くの帰宅、試験前の勤務は十分に配慮してあげたいものです。親がアルバイトに反対して退職、という残念な結果にはしたくありません。

マクドナルドでは、家族で働くということも珍しくありませんでした。パートで働いているスタッフは、自分の子どもがアルバイトができる年齢になると、同じ店で働くことを勧めてくれます。また、スタッフがマクドナルドで一所懸命に働いていると、その母親や兄弟姉妹が働きはじめることもありました。

また、スタッフは、一緒に働きたいという友達も紹介してくれます。自分が紹介した人の評判が悪いと、スタッフも嫌な思いをするので、きちんと働いてくれそうな、信頼できる友人だけを誘います。友人を紹介したスタッフは、友人が働きはじめたら、楽しく働けるようにフォローしてくれます。ですから、友人の紹介で入店した新人スタッフは、簡単に辞めることはありません。スタッフの家族や友達が一緒に働く仲間になってくれると、採用コストもかからず、定着率はアップするので、よいことばかりなのです。

お客様も求人の応募者となることがあります。仕事を探している人は、自分の生活圏内にある、雰囲気のいい店で働いてみようと思うことから、「採用活動はまず店舗から」と言われる理由です。また、多くの人が仕事を探すとき、求人広告で条件に合う会社や店をチェックした後に、どんな人たちが働いていて、どんな雰囲気なのか、実際に店に行って自分の目でたしかめてから応募します。日頃から、お客様でもある応募者に、店側も選ばれていることに注意しなければなりません。

1章で、採用時に「サービス業に合う人を見極める」と述べました。お客様からの採用、スタッフからの紹介でも、サービス業に合う人で、スタッフが一緒に働きたいと思うような人を採用できれば、すぐに職場になじんでくれます。スタッフのみんなにも、どんな人に働いてほしいのかを、わかりやすい言葉で明らかにしておきましょう。そうすれば、スタッフがお客様、スタッフの家族、友達に「一緒に働きませんか」と声をかけてくれます。

～7章～

「稼ぐスタッフ」の仕事ぶりを認めよう

仕事の評価をフィードバックしよう

◎フィードバックは具体的に、その場で

フィードバックとは、仕事の評価を本人に伝えることで、これには三種類あります。できていないところを厳しく指摘し、スタッフの意欲を低下させるネガティブなフィードバック。これは、伝えても害になるだけです。

何も伝えないというのもフィードバックのひとつですが、スタッフに無関心ということで、これもよくありません。

否定的な言葉は使わずに、スタッフのパフォーマンスがよいところをほめる、できていないところは改善点を前向きに話す、というポジティブなフィードバック。これは、唯一使えるフィードバックですが、より効果的に伝えるコツがあります。

私は、スタッフをほめてはいましたが、ポジティブなフィードバックがうまくありませんでした。ほめても、私のフィードバックの真意が本人に伝わっていない、スタッフのやる気の向上につながっているようには思えなかったからです。

「○○君、今のうまいね」

これだと、当の本人は自分のどんな行動についてほめられているのかがわかりません。具体的な細かい動作について言及しないと、何がよかったのか理解できません。

「今日のオペレーション、よかったよ」

帰り際にほめられても、いつほめられるような行動をしたのか、本人がわかっていないこともありました。私に観察されていたのも、気づいていなかったでしょう。

スタッフの具体的な行動のほめどころを発見するには、スタッフをよく観察しなければなりません。しかし、忙しい中で、私は立ち止まらなければならない瞬間を逃してしまっていて、ほめどころを的確に伝えていなかったのです。

そこで、観察するため、1分間はそのスタッフだけのパフォーマンスに集中しました。ひとつの流れや工程を通して見ますが、一つひとつの細かな動作であっても、それが重要なことであれば、見落とさないようにします。

たとえば、調理器具のトングの使い方。これは5秒ほどの動作ですが、正しい向きでミートパティをつかまないと、ミートパティがちぎれてしまいます。

「トングの向きが正しく使えたね。ミートパティがちぎれないように意識しているのは、すばらしいよ」とほめられると、これ以降もトングの使い方にこだわり、他のスタッフに教えてくれます。

効果的なフィードバックのポイントは、「具体的に、その場で」です。よい仕事ぶりであれば、その場でスタッフがその感覚を覚えているうちにほめましょう。すると、スタッフは意識的にそれを継続するようになり、彼らのスキルアップが期待できます。

しかし、その場を離れてしまうと、あなたも言い忘れてしまいます。ほめるチャンスだったのに、もったいないことです。

◎「ほめる」は、さりげなく

私は朝礼で、すばらしいパフォーマンスをしてくれたスタッフを、スタッフの前でほめていました。あるとき、一人のスタッフに、「みんなの前でほめてくれなくてもいいです」と言われ、ショックを受けたことがあります。ほめられることは大切で、うれしいことであるはずなのにと思ったのです。

思い起こせば、私も同じように、「ほめてくれなくていいのに」と思ったことがありました。私が小学生の頃、町内会の合唱コンクールに向けて、歌を練習していたときのことです。町内に住む歌唱の先生が、私の歌声の大きさをみんなの前でほめてくれました。先生のほめ方がどうこうということではなく、私は一人だけ目立つことが恥ずかしいと感じました。それ以降、私はあまり目立たないように適度な大きさの声を出すようになってしまったのです。

スタッフが「みんなの前でほめないで」と言ったのは、私のほめ方が大げさになりすぎていたからでした。スタッフのやる気を向上させるため、私は、ほめなければと躍起になっていたり、ほめたらやる気が向上するだろうという意図が見え見えだったのかもしれません。

素直に喜べないほめ方では、ほめ殺しとまではいかなくても、相手が冷やかされていると感じてしまいます。日本人特有なのかもしれませんが、恥ずかしさが先行してしまい、素直に喜べないという結果になってしまうのです。

また、ほめ過ぎて、過度の期待感からプレッシャーに負けるということもあります。そのときの精神状態によっては、その場から逃げ出したくなるのです。そんなにほめられるほど私にはできないから、放っておいてほしいという気持ちです。

ただ、スタッフをほめればいいということではありません。ほめた相手がほめられてうれしいと思えるようなほめ方をしなければならないのです。みんなの前でほめるときには、大げさになり過ぎないように、さりげなくてよいこともあります。大切なのは、相手を考えた上で、素直な気持ちで、心からほめることです。

スタッフに「自分の存在意義」を認識してもらおう

◎日頃からのありがとう

駅前の店舗に勤務していたときのことです。ある日、台風が直撃し、電車がストップしてしまいました。電車に乗れなかった通勤客が次々と来店してくる中、次の時間に勤務する予定のクルーから、電車がストップして出勤できないと連絡がありました。こんなにお客様が溢れ返っているときに、働けるスタッフは私一人になってしまいます。

藁にもすがる気持ちで、隣の店のマネージャーに応援に来てもらい、早朝から勤務しているクルーにシフトを延長してもらいながら、何とか店を運営できました。あのとき、本当に私一人になってしまっていたら、営業を続けることはできなかったでしょう。電車の運転が再開したとき、息を切らして出勤してきたクルーにもどんなにありがたいと思ったことか。

このとき改めて実感したのは、一人では営業できないということ、スタッフが一緒に働いてくれるありがたさです。店長は、スタッフの存在意義を十分に理解していると思いますが、スタッフ本人にもそれが伝わっていなければなりません。

スタッフに感謝の気持ちを伝えるには、日頃から「ありがとう」と感謝の言葉を伝え、今日のうちに「ご苦労様」と労をねぎらうことです。たった一言、二言を心がけるだけで、スタッフにはあなたの気持ちは伝わります。

◎公正な評価とウキウキする目標について話そう

マクドナルドでは、スタッフのこれまでの仕事の評価を伝え、目標を設定する面談のことを、「ピープルレビュー」と呼んでいます。ピープルレビューは3ヶ月に一度、15分から20分ほどスタッフと一対一で面談するもので、スタッフの話を聞く貴重な機会です。日頃、時給の話はできないので、タイトルアップ、評価アップなど、頑張りしだいで時給がアップしていくチャンスがあることも面談で伝えます。

スタッフが公正な評価を受けていると感じて、納得していることは重要です。ピープルレビューでは、「君ならできる」とスタッフの背中を押してあげて、スタッフの存在を認めていることを伝えましょう。日頃からフィードバックをしていれば、それほど時間もかからずに評価と目標設定ができます。面談の時間の長さではなく、中身の濃さが大事なのです。

面談を受けた後に、スタッフが明るい顔をしていれば、ピープルレビューは成功です。

つまり、面談を受けた後に、モチベーションがアップしているかどうかです。自分は期待されていると感じると、これからも頑張ろうと思えます。スタッフが自分の存在意義を認識し、チャレンジングで、ウキウキする目標を自分で設定することで、仕事に前向きになることができます。与えられた目標ではなく、自分の目標は自分で決めるのです。

スタッフにどんどん仕事のチャンスを与えよう

◎スタッフに権限委譲して仕事を進めていこう

やる気があって適任であれば、アルバイトであっても責任のある仕事を任せたほうが、スタッフのためでもあると述べました。

すべての作業を挙げて、細分化していくと、店長にしかできないもの、知識や経験が必要なもの、だれでもやり方さえわかればできるものに分けることができます。仕事を細分化し、適材適所で仕事を任せることを権限委譲、またはエンパワーメントと言います。

権限委譲できる作業の一例が、資材の発注です。資材発注の担当者は納品のタイミング、1ケースあたりの売上げ、余裕日の設定などを理解しておけば、資材を切らすことなく、また過剰在庫にならないようにコントロールしながら資材管理することができます。
近い将来、発注を任せたいというアルバイトには、棚卸しや、資材の貸し借りなどの在庫確認を手伝ってもらいましょう。一ケースにどれだけの中包みがあり、1日どれくらいの在庫があれば足りるのか、経験でわかるようになります。同時に資材保管のルールや、取扱いの方法を早い段階でしっかり学んでもらえばいいのです。

しかし、何でもかんでも仕事を部下に振っていいというわけではありません。権限委譲は仕事の丸投げではなく、スタッフの成長や育成プランを考慮して計画的に経験させるものだからです。

仕事を任されるスタッフはその仕事のやり方をどれくらい理解しているのか、経験はあるのか、仕事の完成度はどれくらいまで求めるのか、権限委譲する店長やマネージャーがきちんと把握しておかなければなりません。また、途中経過、完了の報告や、問題が起きたときなどの連絡、判断に迷ったときの相談など、「報連相」をするように伝えておきます。

権限委譲をすると、仕事を一人で抱え込むことなく、スタッフを巻き込んで仕事を進めていくことで、店長は自分しかできない仕事に集中して取り組むことができます。また、スタッフは新たな仕事にチャレンジすることができます。最初はできなくても、経験をすることで、次の成長のステージに進むことができるのです。

◎どんな小さな仕事でも責任感を持ってやり遂げる方法

店を営業していると、細々とした作業が多くあります。30分ごとのスタッフの手洗い、布巾のサニタリー、原材料のタイマー管理、食品の賞味期限チェック、原材料のローテーションなど。マネージャー一人で管理できる数では到底ありません。これらの作業をマネージャーが毎回指示を出したり、実施したりすることは不可能です。マネージャーが一人で頑張ったとしても、指示されなければ動かないスタッフばかりになってしまいます。

この解決策として、これらの作業には、それぞれ担当者を決めてしまうに限ります。つまり、メインの仕事に付随する作業、サブポジションとするのです。

手洗いでは、タイミングを見計らって声がけをするのは、たとえばグリル担当のスタッフと決めておきます。そのスタッフは30分おきに「手洗いしてください」と言います。順番で手洗いをしていることを確認してもらえば、全員が手洗い完了することができます。

また、客席のテーブル、椅子、トレーを拭くピンクと緑の布巾の殺菌効果を保つために、布巾を入れているバケツも30分ごとに薬剤溶液を交換します。フロアー担当のスタッフがこの交換作業をすることにしておけばいいのです。

担当者を決めておけば、完璧に作業がなされるかというと、そうではありません。できるスタッフとできないスタッフがいるからです。この差は、その細々とした、ある意味面倒くさい作業がなぜ必要なのか、を理解しているかどうかです。

たとえば、30分ごとの手洗い。マクドナルドでは、30秒かけて手の先から肘までを十分に洗います。きちんとした手洗いをしなければ、手についた雑菌は商品に付着してしまいます。食中毒が発生する危険性があることを理解しているからこそ、手洗い担当が声がけをしているのです。

これらの作業は、スタッフが行動に移さなければ品質管理や衛生管理ができません。管理するスタッフを決めておくと、仕事の重要性を理解しているので、自主的に行動してくれます。そういうスタッフは、自分の勤務終了時刻までに終えられなかった作業も、やり終えてから帰ってくれるのです。

店長やマネージャーは作業の実施を確認して、ミスや漏れを防ぐことができます。スタッフにポジティブなフィードバックをして、感謝の気持ちを伝えてください。あなたの店に責任感を持った「稼ぐスタッフ」が一人でも多くいたら、大いに助かるはずです。

店長がいなくても店が運営できるワケ

◎アルバイトのマネージャーを育てよう

マクドナルドの店では、どんな時間帯であっても、マネージャーが最低一人は店にいて、運営することになっています。しかし、年中無休、24時間営業の店では、店長、アシスタントマネージャーがすべての時間帯をカバーすることはできません。

店長不在でも店を運営できるのは、アルバイトである、スウィングマネージャーに任せているからです。マクドナルドは調理オペレーションが機械化、簡素化されているので、スウィングマネージャーはシェフのように熟練した、特別な技術を必要としていません。必要なのは、スタッフをマネジメントする能力です。

彼らを、店長代理として店を運営できるまでに育成することは、店にとっては必須です。もし必要な人数のスウィングマネージャーを育成できなければ、シフトをカバーするために店長が休みを返上して勤務することになってしまいます。

スウィングマネージャーは、正社員と同じプログラムで育成されます。MDPというマネージャー育成プログラムはけっこうなボリュームで、一朝一夕では終わりません。また、マネジメント能力が合格レベルでなければ、スウィングマネージャーには昇格できません。

このスウィングマネージャーには、誰でもなれるわけではありません。リーダーとしての資質があるかどうか、を見極めるための会社の基準があります。リーダーとして求めること、職務内容において期待すること、必ず身につけておいてほしい心構えを、スウィングマネージャー候補の段階から確認します。

会社の基準の他に、私は他のスタッフが一目置くスタッフを選んでいました。スウィングマネージャーたちに、次の候補に誰を推薦するかをたずねていたのです。彼らの基準は人物本位なので、間違いがありません。候補者が基準に完璧に合致していなくても、向上の見込みがあり、本人のやる気さえあれば、正社員、アルバイトにかかわらず立派なマネージャーに育成することができます。

◎任せたら手を出さない、我慢する

子どもが道で転んだら、あなたはどうするでしょうか。起こしてあげますか、自分で起きるのを見守りますか、気にせず通り過ぎますか。

起こしてあげるというのは、とても親切です。母親の私は子どもが心配で、これをやってしまいがちです。ところが、膝を擦りむいただけでひどい怪我でなければ、子どもは他人の力を借りなくても、何もなかったかのように、自分の力で歩き出します。小さい子であれば「泣かないで強いね」と起き上がるのを見守っていれば十分です。場合によっては、気にせず通り過ぎるというのもあるかもしれません。

息子が転んだとき、母親の私が駆け寄って起こすと、息子はたいした怪我でもないのに痛がったり、よけいに甘えてしまったりすることがあります。私は平気だと思っているのに、息子は絆創膏を貼ってくれ、湿布を貼ってくれというのです。

店長代理として育成したスタッフにも同じことが言えます。道で転んだ子どものように、起こしてあげていませんか。しかし、とっさに起こしてあげてしまいそうなところをぐっと我慢して、自分の力で歩き出すのを見届けていたほうが本人のためにはよい、ということです。

スタッフに任せっきりで、突き放すとか、干渉しないということではありません。段階的に、店長がいない、頼る先輩がいない、自分が頑張るしかない状況をつくり出すことです。

スウィングマネージャーを独り立ちさせる初段階で、私は、実際はじっくり観察しているのに、見ていないフリをして客席で仕事をしていました。スタッフ自身が自分で考えて行動する余地をつくるのです。取り返しのつかない大きな失敗や、大規模なクレーム、事故以外は手を出す必要はありません。いつでも、大事にならないようにスタンバイしていれば十分なのです。

スウィングマネージャーには、経営者的発想を持たせて、店の状況に合わせて自分の判断で行動する機会を与えます。店長が一緒に働いている時間帯に、その力を発揮できるかというと、どうでしょうか。店長に頼ってしまって、自分で考えて行動することをしないと思うのです。

「失敗は成長の糧」と言います。スタッフ自身に気づかせる、失敗も経験させるという度量が、店長には必要でしょう。こういうとき、手を出さないほうが難しいかもしれません。しかし、ぐっと我慢すれば、スタッフが自分の力で歩き出します。スタッフ自身の成長につながると信じて任せましょう。

インセンティブは「こころ」と「ふところ」の2種類

◎「こころのインセンティブ」こそ大事

1章で、「稼ぐスタッフ」がモチベーションを高く保つ要素として、インセンティブを挙げました。インセンティブとは、成果を挙げた者に支給される昇給やボーナスという意味と、やる気を起こさせるような刺激、動機づけという意味があります。私は、この2種類のインセンティブを、「ふところのインセンティブ」と「こころのインセンティブ」と呼んでいます。

スウィングマネージャーはとびきり高額な時給でもないのに、なぜ店長代理として頑張れるのか考えたことがあります。他の店でも同じように、優秀なパート従業員が、パート店長として一店舗を管理している例もあるでしょう。責任範囲が異なることが理由ですが、正社員と同じ給料を得ている人はほとんどいません。給料の面では、あくまでも非正規社員なのです。時給が、店長代理という仕事をする動機づけになっているとは考えにくいのです。

スウィングマネージャー候補となるクルーは、リーダーとして資質があると見込まれている、優秀な人たちです。少しずつマネージャーとしての経験を積んで、自分にはできないと思っていた仕事が少しずつできるようになるとうれしいものです。評価が上がり、ほめられると、仕事に対して前向きになりやりがいを感じてくれます。期待される、仕事を任される、職場で頼られるというのは、彼らの「こころのインセンティブ」になっています。

「こころ」と「ふところ」の二つのインセンティブには、決定的な違いがあります。時給はその上げ幅に上限があり、それ以上に上げることはできません。「ふところのインセンティブ」には限りがあるものなのです。

一方、「こころのインセンティブ」は、上げ幅の上限はありません。また、気遣いは必要なものの、コストはかかりません。あなたが、この「こころのインセンティブ」を知り、スタッフに与えられるかどうかで、彼らのパフォーマンスに大きな違いが出てきます。

◎「ありがとうカード」でお互いを認め合おう

マクドナルドでは、本社スタッフが店舗を訪問する際に、「ありがとうカード」を渡していた時期がありました。私の記憶では、本社のスタッフが店舗でクルーに話しかける機会を持つ活動として、このカードをツールとして使ったのがはじまりだったと思います。

7、8店舗を担当するオペレーションコンサルタント、4、50店舗を統括するオペレーションマネージャーが店舗に来店するときに、よいオペレーションをしているクルーにおほめの言葉をカードに書いて渡します。

クルーは、たまにしか会わない上司に頑張っているところをほめられて、うれしがりました。もらった「ありがとうカード」を、宝物のように、自分で大切に取っておきました。この活動はとても効果的だったのです。

しばらくしてそれは、クルー同士でよいところをほめたり、仲間に感謝するための「ありがとうカード」の活動になりました。1人10枚渡され、クルーがコメントを書いて仲間に渡します。多くの店で、そのカードは、全員が見られるようにスタッフルームのボードに貼りつけました。よい言動をみんなで共有し、お互いのよいところを認め合うことが、みんなのモチベーション向上につながったのです。

私はこれまで、しっかりとお互いをほめる、「ありがとう」と伝え合うということをしていなかったのかもしれません。「ありがとう」という言葉を使うと、ほめるほうもほめられるほうも照れてちょっと恥ずかしいけれど、心が温かくなるような、新鮮な感覚があったことを覚えています。

この「ありがとうカード」の活動で、職場の雰囲気がよくなりました。意識して「ありがとう」と言っているうちに、それが無意識になり、自然に言葉が出るようになりました。スタッフ同士がお互いを認め合い、「ありがとう」と伝え合うことは、スタッフの「こころのインセンティブ」になったのです。

「ありがとうカード」の活動は効果的です。ぜひ、試してみてはいかがでしょうか。

スタッフは給料、時給の差にとても敏感

◎仲間の給料は気になる

スタッフルームで、アルバイトの時給のことが話題になっていることがあります。スタッフ本人が、時給が上がったことを自慢げに話しているのです。時給の額や昇給したことは個人的なことだからと口外しないように口止めしても、話してしまうスタッフがいるものです。そして、「君はどうだった」と聞きます。一緒に働いている仲間の給料、時給が気になるのは仕方のないことなのかもしれません。

私も、昇格して自分の給与額が上がるのはうれしかったものです。しばらくすると、それだけの仕事をしているのだからこの金額がもらえるのは当たり前、もっとたくさんほしいと思うようになりました。ボーナスが支給され、前回のボーナス額よりも少しでも下がったらあまり喜べませんでした。ボーナス額が他社の平均金額より上であったと

してもです。同僚や同世代の給与額、ボーナス額ももちろん気になります。

このように、「ふところのインセンティブ」は、時給や給料が上がったことに満足するのは、昇給したそのときだけだと考えたほうがいいかもしれません。昇給した時給に慣れてしまったら、それが当たり前になってしまいます。もっと時給を上げたいと思うことが誘因になり頑張ることもありますが、前回は昇給したけれど、今回は昇給しなかったということが不満にもなります。

「あいつが昇給したのに自分は上がらない」という話もよく聞きます。他の人よりも自分の時給は10円低い、たった10円でも下であれば、仕事の評価も下だと自分で勝手に思ってしまうのです。

つまり、時給の差が仕事の評価の差であり、人と比べて自分の評価がどのくらいなのかという判断になるのです。「ふところのインセンティブ」とはそういう一面があることを頭に入れておかなければなりません。

◎「ふところのインセンティブ」でスタッフの貢献に報いているか

お金のことは言いにくいので、表立って文句や希望を言いませんが、スタッフは収入を得るために働いているのですから、給料や時給が一番の関心事であることは間違いありません。

私自身、学生時代に配膳のアルバイトをしていたときに感じたことは、「同じ時給であればラクをしたい」です。配膳とは、婚礼などのパーティの食事、飲み物を給仕する仕事です。学生のアルバイトではあまり見かけない、なかなかの高時給でした。しかし、全員が同じ時給で、リーダーの役割をしても時給は上がらないようでした。私は、そうであれば、問題なく仕事をしている今以上に、スキルアップしなくてもいいと思っていたのです。

私がそう考えていたとき、配膳の職場のリーダーをしてほしいと言われました。これから就職活動をする時期ということもあって、アルバイトに精を出している場合でもなく、断りました。働く曜日も時間も決められてしまうのは、都合が悪かったのです。しかも、リーダーという存在になると責任が重くなってしまい、急なスケジュール変更も難しくなります。少しでも時給が上がれば考えたかもしれませんが、責任の重さと時給を天秤にかけて、リーダーはやらないと決めたのです。

スタッフのスキルを考慮して時給に差をつけている職場のほうが多いと思いますが、高時給でスタッフを募集しておいて、なかなか時給が上がらないという職場もあります。「こころのインセンティブ」で永続的にスタッフのモチベーションが向上すれば問題はありませんが、仕事量と時給に不平等が感じられると、学生時代の私のように「同じ時給であればラクをしたい」と思うスタッフが出てくるでしょう。

アルバイトの昇給のタイミング、上げ幅など完全な平等は難しいのですが、スタッフ自身が納得できる報酬を得ていると感じられるようでなければいけません。仕事の内容や成果に基づき、プラスα（アルファ）の時給で評価していることを示さないと、スタッフの成長への意欲は止まってしまう可能性があります。

「こころのインセンティブ」は大事ですが、ほめられてもまったく時給に反映されないのでは、スタッフは快く思うわけがありません。身入りが少ないと、ふところが暖まらないからです。

評価してくれたのであれば、時給を少しでも上げてほしいという気持ちになるのは当然です。ポイントは、タイミングよくインセンティブを与え、スタッフの貢献に実をもって報いているかということです。「こころのインセンティブ」と「ふところのインセンティブ」を上手く組み合わせることで、スタッフは自分が評価されていることを実感できるのです。

8章

「稼ぐスタッフ」の成長は
お店の成長

スタッフは満足して働いているか

◎従業員満足度調査は必要か

スタッフが満足して働いているかどうかは、気がかりなものです。従業員満足度（ES）が高ければよいサービスが提供されて、顧客満足度（CS）が上がる、その結果、売上げと利益が上がるという理論があるからです。これを「勝利のサイクル」と言います。

スタッフが、会社の方針、仕事内容、給与などの待遇、労働環境、職場の人間関係などに満足しているかどうか、従業員満足度を測るための手段として、従業員満足度調査を利用します。スタッフがどのように考えているのかが数字でわかり、目に見える形である点はすばらしいツールです。

私は、この調査の結果をどのように判断し、どのように活かせばいいのか、疑問を持ったことがあります。「満足している」「まあまあ満足している」という評価を満足度ポイントとしますが、それが１００パーセントでなければならないのか、80パーセントでも高いほうだと見るのか、それともまだまだなのか、捉え方が不明確だったからです。

調査の結果、満足度ポイントが個人の業績評価に反映され、全国店舗における順位付けがされることに、私はあまり快く思っていませんでした。社員を評価するツールになってしまっているように思えたからです。ポイントが高い低いで一喜一憂し、ポイントを上げるための秘策を駆使するマネージャーも、なかにはいました。

しかし、この調査はスタッフの率直な意見を聞くことができる貴重なものです。これを活かさない手はありません。

結果が出たら、スタッフにフィードバックします。少し不満、不満と評価された項目について改善を約束すると宣言し、優先順位をつけて徹底的に改善してしまうのです。目に見えてよくなれば、スタッフは「改善されている」と前向きに捉えてくれます。逆に、フィードバックがなければ、あの調査は何だったのか、調査しても何も変わらないと、スタッフはよけいに不満に思うでしょう。

従業員満足度調査は、調査すること自体や、店長やマネージャーの業績評価が目的ではありません。スタッフの満足や不満の傾向が数字で明かになるのはもちろん、自由意見欄での、まだスタッフが声に出していない不安、不満とまでは言えない潜在的な困りごとを、いち早く見つけることが目的です。

私は、人間の特性上、いつも１００パーセント満足しているという状況はないと思っています。今の職場に概ね満足しているけれど、ひとつや二つ、こうだったらいいのにという気持ちはあるものです。満足度の数字に注目するよりも、結果を受けて、将来よりよい職場をつくっていくという約束と実行こそ、この従業員満足度調査を行なうメリットです。それが、店の働く環境の改善と、店の成長につながっていきます。

◎常にスタッフのほうを向いて、スタッフの変化に気づこう

サービス業に携わっているあなたは、人との関わりが好きで今の職業を選んだのだと思います。人付き合いが得意で、人の接し方がうまいと自負している方が多いのではないでしょうか。

また店長ともなれば、スタッフの様子を敏感にキャッチするアンテナを持っています。人との関わりが好きだからこそ、常にスタッフのほうを向いてスタッフに関心を持つことができるのです。これは、持って生まれたものでしょう。これができなければ、この職業を選んでいないでしょうし、店長は務まらないと言えます。

店長の持つアンテナは、スタッフのちょっとした仕草や言動から、小さな変化をキャッチします。伏し目がち、挨拶の声のトーンが低い、出勤時刻がいつもより遅くなった、スケジュール希望の提出が遅くなったなど、一見見落としてしまいがちな、かすかな変化のことです。

これらはスタッフの不調のサインです。気づいたらそのままにせず、「最近どうしたの。何かあった。私が手助けできることはあるかな」と声をかけることができます。

個人的なことで悩んでいる場合は、気持ちを切り替えさせるような一言を伝えられます。仕事のことや職場の同僚などとの関係などでの悩みは、もう一歩踏み込んだアドバイスや解決策も一緒に考えることもできます。

スタッフが満足して、明るい気持ちで仕事ができれば、他のスタッフや店によい影響があります。一方、面白くなさそうに働いているスタッフのことは、お客様にもすぐにわかります。他のスタッフやお客様に悪い影響が及ぶことは避けたいものです。あなたのアンテナを活用して、スタッフの変化にいち早く気づいてほしいのです。

STAFF

スタッフの退職理由を聞こう

◎スタッフが早期退職するときは店に問題がある

マクドナルドでは、新人スタッフが入店して1ケ月ほど経つと、店は、ひと通りのトレーニングを終えたのでスタッフの一人として扱いはじめます。しかし、本人はまだ経験も少ないのでフォローしてほしいという気持ちでいます。一人で作業するには不安なのです。ここに、店長やマネージャーと新人スタッフの考えにギャップがあります。

そんなとき、忙しい時間帯に十分なフォローがなく、新人スタッフがミスをして、店長やマネージャーに責められ、怪訝な顔をされたりする。これでは、新人スタッフが辞めるのは当然でしょう。

スタッフが早期退職するときは、このような店側と新人スタッフ側とのギャップが原因です。このギャップがあるようなら、退職は防げません。面接やオリエンテーション、トレーニングをしたのに、そのスタッフにかかった労力、時間、コストがすべて無駄になってしまいます。

このギャップを埋めるためには、いつまでに一人で作業ができるようになればいいのか目安を伝えておき、新人スタッフという意識を変えてもらわなければなりません。

そして、最初から自分で考えて行動することも求めましょう。不安に思うことは相談し、問題が起こったときにはすぐに店長やマネージャーに報告するようにしてもらいます。

また、思っていた仕事と違ったという退職理由もあります。この場合、採用前に実際の職場を訪問してもらって、仕事内容を十分に理解してもらってから採用を決めます。

私は、閉店作業だけを希望する応募者には、閉店後、厨房内を見学してもらいました。

閉店作業を口頭で説明したところで、実際にどんな機器を取り扱って、どんな様子で作業をしているのか、応募者が同じような業界で働いたことがない限り想像がつかないからです。

新人スタッフは、周りのスタッフや職場環境に早く慣れて、頑張って働こうと希望を持って入店します。しかし、一番やる気があるはずの入店間もない時期に退職を決意するということは、そのやる気と希望が打ち砕かれるだけの理由があります。頼れる同僚や先輩がいないと感じ、これから長く働いていけない職場だと判断してしまうのです。

スタッフを採用したときには、継続してよい関係を保てるように、コミュニケーションを十分に取っていくことが重要です。店側にフォローアップする体制がないのであれば、新人スタッフを本気で育てようとしているのか疑問ですし、努力を怠っていると言わざるを得ません。スタッフが早期退職する理由の多くは、店側にあるのです。

◎スタッフの退職を店の成長につなげられる

退職者の不満は、このスタッフだけの不満とは限りません。他のスタッフが感じている不満のひとつでもあり得ると考えるべきでしょう。スタッフの気持ちを敏感に感じることができるアンテナを持った店長なら、不穏な空気を感じ取っているはずです。そのまま放置しておけば、取り返しのつかないことになってしまうかもしれません。後々、「あのとき変化を感じていたのに」と思い出しても遅いのです。

努力のかいもなく、スタッフが退職してしまうこともあります。そのときには、退職面接をして、退職理由を直接聞きましょう。正直な退職理由を聞くには、こちらが予想する退職の動機に触れることです。他の人には絶対に話さないこと、店の問題であれば善処することを約束して、真摯な態度で傾聴します。店長、マネージャーとして、退職するまでに辛い思いをさせてしまったことは、反省すべきことだからです。

しかし、正直な退職理由を聞けるとは限りません。場合によっては、退職するスタッフとあまり接点のないマネージャーが、退職を決意させた理由を聞くように配慮できるとよいでしょう。退職の理由が、退職面接をする店長やマネージャーであっては、話したくても話せないからです。

スタッフが辞める理由が、スタッフ同士のトラブルの場合、残っているスタッフへの影響を最小限に留めなければなりません。スタッフの退職理由が明らかになったのであれば、同様の理由で他のスタッフにも退職を決意させてはならないのです。

店としては、せっかく育成してきたスタッフを活かせずに、退職させることは避けたいところです。しかし、退職すると決意したスタッフを思い留まらせるのは、とても難しいことも事実です。

退職理由は、辞めていくスタッフからの最後の贈り物です。店長、マネージャーは不満や困りごとに対応できなかったことを反省しましょう。同じことを繰り返さないよう、今後の糧として、店の成長につなげていくしかありません。

失敗したら気持ちを切り替える

◎反省は必要だが、落ち込んでばかりいられない

発明王エジソンは「失敗をすればするほど、我々は成功に近づいている」、ケンタッキー・フライドチキンの創業者カーネル・サンダースは「失敗とは、再始動したり、新しいことを試したりするために与えられたチャンスだ」と言ったそうです。

彼らはやるべきことをやって、失敗しました。この方法はダメだとわかり、次は違う方法でチャレンジをするだけのことなのです。果敢にチャレンジして失敗したとしても、誰も責めることはないでしょう。

そう考えると、失敗には二つあります。もうひとつの失敗は、当たり前のことを当た

り前にできずに、もしくはやらずにミスすることです。

私は入社当時、できないことも多く、また細心の注意を十分に払うこともなかったために、失敗ばかりしていました。先輩に叱られて、「失敗してしまった。私はダメだ」と落ち込んだものです。叱られると、なかなか自分ではこの落ち込んだ気分を打破できません。失敗が大きければ大きいほど精神的なダメージが大きいものです。責められれば、その防御として言い訳もしたくなります。

私の上司で、叱り方の上手な方がいました。突き放すような言葉もなく、冷静に、だめなことはだめと認識させて、自分で原因の追究、今後発生しないような対策を考えさせます。そして、その上司は一筋の希望の光ともいうべき道をつくってくれます。救われた気分になり、自分から自分の失敗をきちんと見ようという気持ちになれたのです。

私の失敗から得た教訓は、失敗したら言い訳をせず、反省することです。反省したら、開き直るのではなく、気持ちを切り替えるように努めます。迷惑をかけてしまったスタッフや上司には謝ります。何が原因で失敗してしまったのか、紙に書き出して、原因を整理してみます。時間の流れどおりに、原因となりそうなこと、したこと、しなかったことを全部書き出します。

失敗してしまったことは取り返しがつきませんが、気持ちに区切りをつけて、自分で原因の追究をしなければなりません。精神的に落ち込んでも何の解決にもならないからです。「時間が解決してくれる」と言いますが、仕事を進める上では、それまで待っていられません。

◎失敗の原因を対策してしまおう

ミスは誰でもするものです。失敗の原因を突き止めて、今後は同じ事が起こらないように、また大きな問題にならないように対策してしまうしかありません。

この対策こそが、店長の仕事です。失敗しないようにするには、起こりそうな問題を予想して、先回り先回りして店長やマネージャーが対策してしまうのです。ダブルチェックを徹底する、事前に注意喚起するなど、失敗しにくい状況をつくり出しましょう。

人、物、金、情報は、店の管理項目でもあります。店長、マネージャーが大切に取り扱い、日頃からチェックしていることをスタッフに認識してもらうことです。

私は、店長代理のスウィングマネージャーにも、店長の代理として確認してもらったときには、判子を押した右上に代理を表わす「代」と記入してもらいました。マネージャーチームがしっかり管理し、複数の監視の目があれば、スタッフは細心の注意を払って対応しています。資材や金銭の盗難、情報漏洩などは、管理がよい店では問題が起こりにくいのです。

これまでさまざまな事件も見聞きしてきましたが、その背景には、日頃、店長やマネージャーが管理を疎かにしている店ばかりでした。気の緩みからミスを発生させ、スタッフによからぬ行動を誘発することにもなりかねません。

スタッフがミスをしたら、責任者である店長が上司から怒られます。そうするとスタッフのせいで自分が怒られたと、ややもすると、店長が感情的になってしまうかもしれません。

スタッフは責められたら、ミスしたことより怒られることを恐れて、ミスを隠し、本当のことを話さないかもしれません。そうなれば、事態が悪い方向に行ってしまい、真の原因がわからないままになります。罪を憎んで人を憎まず。最後にはスタッフを許すという姿勢でいましょう。今回のことは反省してもらい、次は起こさないようにするのです。

店で何か問題が起こったときに、スタッフを疑う、スタッフの責任にするというのは不幸なことです。同じようなミスが発生する、重大な問題が起こるということは、対策していない店長の責任だと自覚してほしいと思います。

問題が起こった後に労力を使うくらいなら、問題を起こさないように、事前の対策、日頃の管理をしっかりするほうが精神的にも楽なのです。

常に成長し続けよう、変化を受け入れよう

◎一人で張り切らない

私は、マクドナルドでは約1年ごとに配属店舗が変わりました。上司から異動先の店の問題点を説明されて、改善を期待されるので、新しい店で頑張ろうと気合いが入ります。

異動先の店では、できていないところ、ダメなところほど目につきやすいものです。張り切って改善したい衝動に駆られますが、そこはぐっと我慢します。

気がついたことはまずメモします。異動したばかりの頃は、新鮮な感覚で観察できる期間です。環境に慣れてくると、目の前の状況が当たり前になり、問題点を発見することが難しくなります。

もし、新しく着任したばかりのマネージャーが一人で張り切って改善をはじめたならば、その店のスタッフはこれまでのやり方を否定されていると感じ、反発するようにな

ります。そんなマネージャーを、好意的に迎えられるわけがありません。「これまではこのやり方でやっていたのです」と、苦言を呈されるのがオチです。店の状況がどうであれ、彼らには、しっかりやってきたという自負があります。

頑張ってきたスタッフを否定することから関係がはじまったのでは、信頼関係を築くまでの道のりは厳しいものになるでしょう。スタッフを敵に回すほど、馬鹿げたことはありません。

しかし、唯一率先して取り組んでもよいことがあります。やったらやっただけ結果が出るクレンリネス（清掃）です。これまで私と一緒に働いてきた先輩店長の多くが、張り切る様子を見せるわけでもなく、何も言わずにクレンリネスに力を入れていました。

部下であるアシスタントマネージャーの私は、店長の行動が気になります。店長の様子を見て、「ここまでクレンリネスするのか、やっぱり汚れているよな」と気づかされ、「私がやります」と申し出ました。私も店長として着任したときには、先輩店長の真似をしてクレンリネスしたものです。

私は新店舗に着任したら、自分の一番の部下となるアシスタントマネージャーとコミュニケーションを取りました。問題点の認識はどうなのか、これまでの経緯やスタッフの雰囲気、関係性など、いろいろヒアリングをします。どのスタッフが仕事を一緒に進めてくれるのか、相談するのです。

一人で張り切らず、チームで仕事に取り組むことです。一緒に働くスタッフに協力してもらわなければ、自分一人で仕事を進めても、その場限りです。そして、目の前の現象だけではなく、一歩下がっていろいろな角度から物事を俯瞰して見るというのは、店長として成長するためには必要だからです。

「稼ぐスタッフ」が長く働いてくれる店をつくろう

◎店長はまず、売上げを上げることに注力する

店長はまず、売上げを上げることを考えなければなりません。

なぜなら、いくら優秀なスタッフを育成したとしても、売上げがなければ、働いてもらうことはできないからです。また、近い将来の閉店は目に見えていて、スタッフの雇用も守れません。

売上げが下がると、利益を確保するためにコスト削減を考えます。一番大きいのが原材料費などの原価とスタッフの人件費です。しかし、原価率は減らそうにもおのずと限

界があるので、人件費率を下げようしようとします。

売上げが高いときには人件費率は簡単に下がりますが、低いときには最低限必要な人員もあるために、人件費率を下げるのが難しくなります。必要な人員すら確保せずにコストカットしようとすると、お客様によいサービスをする余裕すらなくなり、スタッフは忙しさのあまり退職していきます。お客様も、サービスの悪い店にまた来店することはありません。これは悪循環です。

私も店長として、「とにかく売上げを上げなければ」と毎日考えてきました。マクドナルドが別業態で立ち上げたイギリスのサンドイッチチェーン、プレタ・マンジェで働いていたときは、のどから手が出るほど売上げがほしかったのです。

私は、新宿の新店を任されたとき、グランドオープン日前にもかかわらず、企業訪問をしてデリバリーオーダーを受けてしまったことがあります。私一人の判断で受けてしまったこのオーダーは、資材の調達が間に合わないほどの数量で、資材部の方々に多大な迷惑をかけてしまいました。

プレタ・マンジェにはオープニングスタッフの一員として参加し、日本一号店の店長として移籍したこともあり、ビジネスを成功させたい、何とか売上げを上げたい、その一心だったのです。

店長の目的は、店の売上げです。売上げを上げればスタッフが必要になり、そこで初めて人材育成を考えるようになります。最初からすべてが整ったビジネスはありません。店長は売上げがあって初めて、人材育成に取りかかることができます。人材育成が目的のように考えがちですが、第一の目的は売上げです。売上げがないことには、店ははじまらないからです。

◎人に対する理念を伝えよう

飲食業や小売業では、店が成長するか否かは、人に拠るところが大きいことは間違いありません。一人でビジネスを立ち上げても、それを大きくするにはスタッフが必要だからです。

飲食業は、人の労働力に頼る「労働集約型」と言われている産業です。一人でビジネスをすることはほぼできません。機械化で省レーバーを図っても、接客、商品の出来上がりの良し悪しの判断、メンテナンスなど、多くの作業において人の労働力に頼っています。

また、小売業においても、スタッフがお客様と対面販売することで、通販などのネット販売とは違った付加価値を提供することにより、高価格帯で商品やサービスを販売することができます。

人に頼っている業界において、店長の立場ならば、どんなスタッフが働いてくれたら助かるでしょうか。

店長の目的である売上げを一緒に上げてくれるスタッフ、つまり「稼ぐスタッフ」であるはずです。新人スタッフのときから「稼ぐ」ことを求め、商売をすることが楽しいと感じるスタッフを育成しましょう。

「稼ぐスタッフ」が長く働いてくれたら、さらにスキルも上がり、お客様によりよいサービスを長期的かつ安定的に提供することができます。また、スタッフが辞めなければ、新人スタッフを採用して育成する必要もなく、よけいな採用コスト、トレーニングコストもかかりません。店長として、理想の店舗運営ができることでしょう。

スタッフの成長なくして、店の成長はあり得ません。そのために、「スタッフを大切にしている、成長を願っている」というメッセージ、会社の理念を、あなたが伝え続けましょう。

これからも、人材育成について悩みや苦労は尽きないと思います。しかし、私がそうだったように、あなたには、それをも楽しみながら一歩一歩前に進んでほしいと切に願っています。

おわりに

私は2010年にマクドナルドを卒業して、今は飲食業、小売業などのサービス業に強い社会保険労務士として、中小企業の人事労務のサポートをしています。約17年間の飲食業の現場経験のある女性の社会保険労務士は、日本で私一人です。飲食業の現場経験は、人材育成、人事管理において、今の仕事に役立っています。

私が、「退職」ではなく、「卒業」という言葉を使うのは、私がマクドナルドで多くのことを学び、社会人として一区切りついたと感じているからです。すばらしい会社を去るのは残念ですが、社会人として成長した大事な時期でした。マクドナルドには、さまざまな経験をさせてもらったことに感謝しています。

最近では、マクドナルドの経営難、食品に関する問題など、いろいろと報道されています。立場によって意見はさまざまだと思いますが、私は一卒業生として、マクドナルドが復活を遂げることを期待しています。

「マクドナルドのビジネスはハンバーガービジネスではない。ピープルビジネスだ」と、日本マクドナルドの創業者、藤田田氏は言っていました。人の成長は企業の成長であり、従事しているすべての従業員の成長をバックアップするということです。

正社員、パート・アルバイトなど役職に関係なく、やる気のあるスタッフが、店長が不在でも店の運営ができるマネージャーにまでに成長します。この「ピープルビジネス」というポリシーが現場に浸透していたからこそ、他の企業に参考にしてもらえるような、強力な現場力となっていると胸を張って言えます。

本書の中で取り上げた「稼ぐスタッフ」の他にも、私は優秀なスタッフと一緒に働いてきました。先輩、同僚、クルーのみなさんにも、改めてこの場で感謝したいと思います。本当にありがとうございました。

本書を出版するにあたり、たくさんの方々がご尽力くださいました。

マクドナルドの先輩であり、『「これからもあなたと働きたい」と言われる店長がしているシンプルな習慣』（同文舘出版）の著者である松下雅憲さん。松下さんの出版に感化されたことで、「私も出版したい」と一歩を踏み出すことができました。松下さんに出会っていなければ、恐らく出版することすら考えなかったと思います。

出版のノウハウを教えてくださったセミナー&営業の女王、前川あゆさん。前川さんが私の出版企画書を指導してくださったお陰で、この本の企画が通り、出版が実現しました。

同文舘出版株式会社の東京ビジネス書出版会議では、株式会社イズ・アソシエイツの岩本俊幸社長、株式会社ココマッチーの川島康平社長にお世話になりました。

途中挫折しそうになりましたが、出版仲間のみなさん、友人、家族に励まされ、ようやく出版することができました。

また、同文舘出版株式会社の古市達彦編集長には、企画の段階から親身に相談に乗っていただきました。私のスローペースな執筆にも忍耐強くお付き合いしてくださったお陰で、本書の出版が実現しました。

みなさんに心から感謝しています。本当にありがとうございました。

最後まで読んでくださり、ありがとうございます。店長のあなたが、本書を読んで、自分の店舗運営に活かしてくださることを、「稼ぐスタッフ」を育成することを、心から願っています。

2015年4月

羽田　未希

著者略歴

羽田未希（はた　みき）

1971年生まれ、千葉市出身。学生時代は天ぷら和食店、ホテル婚礼パーティの配膳等サービス業のアルバイトを経験。1994年、日本マクドナルド(株)入社、延べ800名を超える部下、パート・アルバイトと一緒に店舗で働き、人材育成に力を注ぐ。

2002年、英国サンドイッチチェーン、プレタ・マンジェの日本法人立ち上げメンバーとして参加。英国での研修を受けた後、日本第1号店の店長を務める。

2011年、はた社会保険労務士事務所設立。

17年間の飲食業現場経験を持つ、異色の女性社会保険労務士。飲食業・小売業などサービス業を得意とする。パート・アルバイト活用、人材育成のコンサルティング、労使トラブルを未然に防ぐ就業規則作成など、中小企業の人材活用のサポートを行なう。また、セミナー講師としても活動している。

■メールアドレス　info@hata-sharoushi.com
■ホームページ　http://hata-sharoushi.com/

店長のための
「稼ぐスタッフ」の育て方

平成27年5月26日　初版発行

著　者 —— 羽田未希

発行者 —— 中島治久

発行所 —— 同文舘出版株式会社

東京都千代田区神田神保町1-41　〒101-0051
電話　営業03（3294）1801　編集03（3294）1802
振替00100-8-42935
http://www.dobunkan.co.jp/

ISBN978-4-495-53041-9
印刷／製本：三美印刷
Printed in Japan 2015